بهاشن

"Hiçbir şey
göründüğü gibi değildir."

Truva Yayınları®

Truva Yayınları: 541

Tarih: 95

Yayıncı Sertifika No: 12373

Genel Yayın Yönetmeni: Sami Çelik

Editör: Orhan Büyük

Sayfa Düzeni: Truva Ajans

Kapak Tasarımı: Mehmet Emre Çelik

Baskı - Cilt: Ata Basım Sanayi ve Ticaret A.Ş.

Maltepe Mah. Fazılpaşa Cad. Sezer Sanayi Sitesi No: 9/B

Zeytinburnu/İSTANBUL

Matbaa Sertifika No: 36625

1. Baskı Nisan 2019

ISBN: 978-605-9850-89-6

Truva Yayınları® 2019

Kavacık Mahallesi Övünç Sokak Kıbrıs Apartmanı No: 19/2

Beykoz / İstanbul

Tel: 0216 537 70 20

www. truvayayinlari. com

info@truvayayinlari. com

facebook. com/truvayayinlari

instagram. com/truvayayinlari

twitter. com/truvayayinevi

Kazım Karabekir

Kürt
Meselesi

"İki Halkı Çarpıştıran Haindir"

Yayına Hazırlayan
Prof. Faruk Özerengin

KAZIM KARABEKİR

1882'de İstanbul'da doğdu. Babası Mehmed Emin Paşa'dır. Fatih Askerî Rüştiyesi'ni, Kuleli Askerî İdadisi'ni ve Erkan-ı Harbiye Mektebi'ni bitirerek yüzbaşı rütbesi ile orduda göreve başladı. İttihat ve Terakki Cemiyetinin Manastır Örgütünde görev aldı. Harekât Ordusu'nda bulundu. 1910'daki Arnavutluk Ayaklanmasının bastırılmasında etkili oldu. 1911'de Erzincan ve Erzurum'un, Ermeni ve Ruslardan geri alınmasını sağladı. Sarıkamış ve Gümrü kalelerini kurtardı.

Kurtuluş Savaşı'nda Doğu Cephesi Komutanlığı yaptı. Milli Mücadele'nin başlamasında ve kazanılmasında büyük katkısı oldu. Terakkiperver Cumhuriyet Fırkası'nı kurdu. Bir yıl aradan sonra da Şeyh Said İsyanı bahane edilerek Terakkiperver Cumhuriyet Fırkası kapatıldı.

Uzun yıllar yalnızlığa bırakıldı ve ömrünün son günlerinde İstanbul Milletvekili olarak Meclis'e alındı. 1946 yılında Meclis Başkanı oldu. 1948'de vefat etti.

İÇİNDEKİLER

YAYINCININ ÖNSÖZÜ

Yavuz Sultan Selim zamanında Kürt Şeyhlerinin, Aşiret Reislerinin ve Mirlerinin Halifeye biatlarıyla başlayan Türk-Kürt beraberliği Osmanlının son dönemine kadar iki kardeş kavmin münasebetleri olarak geldi.

Osmanlının son dönemi Jön Türklerle başlayan, yükselen Türk milliyetçiliği, zaman zaman Kürtlerin de tepkileriyle karşılaştı. Fakat bu başkaldırılar Cumhuriyetle birlikte milli motifler kazanarak Cumhuriyet kurucularının Türk milliyetçisi tavırlarına karşı tepkiye dönüştü.

Günümüzde şiddetli bir savaş görünümü alan bu kardeş kavgasında akan kanın durdurulabilmesi için tarihi gerçeklik içerisinde meseleyi ele alıp çözüme yardımcı olabilmek ümidiyle 'İki halkı çarpıştıran haindir' sözünü söyleyen Kazım Karabekir Paşa'nın bu eserini yayınlamayı uygun gördük.

Kazım Karabekir Paşa, 1920'li yıllarda sanki bugünlerin habercisi gibi... Paşa'nın bu eseri, Kürt Meselesi hakkındaki istihbarat raporları, olaylara bakışı, CHP'deki konuşmalar ile günümüz için tarihi bir belgedir.

Kazım Karabekir Paşa'nın eserini yayına hazırlarken epeyce zorluk çektik. Bazı bölge, yer isimleri, şahıs isimleri okumalarda yanlışlıklar olabileceğini de biliyoruz.

Okuyucularımızdan eğer o isimlerden hatalı okuma varsa ve bunun doğrusunu biliyorlarsa, yeni baskılarda yardımlarını bekliyoruz.

Belge özelliği taşıyan yazışmalar, telgraflar ve belgelerde herhangi bir sadeleştirmeyi uygun görmesek de, metin içerisinde olabildiğince bir sadeleştirme yapmaya çalıştık.

Ayrıca kitabın bütünlüğünü sağlamak için Paşa'nın bu eserine kaynak teşkil eden notlarında olmamasına rağmen kitabın sonuna ek olarak bazı bölümler ilave ettik.

Paşa'nın daha önceden yayınlanmış veya zaman içerisinde yayıma hazırlanan bazı eserlerinden bu eserde de olması gerektiğine inandığımız bölümleri ilave ettik.

Paşa'nın Kürt Meselesi isimli bu eserini, Paşa'nın kendi notlarından ve belgelerinden toparlayan Prof. Faruk Özerengin beyefendi bir eser haline getirmiştir.

1990 yılından başlayarak 2001 yılına kadar geçen on bir sene gibi uzun bir süreçte şahsım, bir yayıncı gibi değil bir tarihçi gibi geceli gündüzlü Paşa'nın damadı Faruk Özerengin beyefendi ile birlikte çalıştık.

Kazım Karabekir Paşa'nın eserlerini bizlere ve okuyucularımıza kazandıran rahmetli Prof. Faruk Özerengin beyefendiyi rahmetle anıyorum.

O dönem, bu eserlerin yayınlanmasına dahi cesaret edilemezken biz, mahkum da olsak, zor şartlar da yaşamış da olsak durmamış ve bu eserleri yayınlamaya devam ederek Türk yakın tarihine çok önemli bir not düşmüştük.

Gelecek kuşaklara tarihi bir vesika olarak sunduğumuz bu eserleri 1990 yılından 2001 yılına kadar Emre Yayınları bünyesinde korkmadan yayınlamış ve süreç içerisinde yayınevi sahibi olarak büyük sıkıntılar, olumsuzluklar ve mahkumiyetler yaşamıştım.

Kazım Karabekir Paşa'nın eserlerini birlikte hazırladığımız Paşa'nın damadı Prof. Faruk Özerengin beyefendinin tarafıma vermiş olduğu yazılı yetki ile Truva Yayınları bünyesinde eksiksiz ve sansürsüz olarak tekrar yayınlamaya başladık.

Bize de bugünümüze ve gelecek kuşaklarımıza bu eserleri kazandırmış olmanın gururu yetecektir.

Sami Çelik
Truva Yayınları

KÜRT MESELESİ

Bizi parçalayarak yutmak isteyen haricî kuvvetler Kürtlük cereyanını da öteden beri yayıyorlardı. Hristiyan unsurlardan maada Araplar, Arnavutlar gibi bu sessiz İslâm unsura da beylik, muhtariyet gibi zehirli haplar yutturuluyordu. Meşrutiyetin ilanından sonra "adem-i merkeziyet" diyerek bu gayeye varmak isteyen akılsız harisler türedi. Mütareke ilanından sonra ise "Kürt İstiklâli" fikri büsbütün ateşlendi. Kürtçe gazeteler çıkarıldı, Kürtlerin ıslahı için projeler etrafa yayıldı, kongreler yapıldı, siyasi şahsiyetleri, ordu erkânı bile seçildi.

Bu faaliyetler karşısında zamanın hükümetleri acaba ne yaptı?

Harb-i Umuminin son senelerinde hemen bütün Kürtlük mıntıkalarında kumandanlık etmiştim. 1334 (1918)'de İran hududundan Harput'a kadar Kolordu Kumandanlığı ve Ordu Kumandanlık vekâletiyle bulundum. 1335 (1919) başlangıcında dahi Erzincan cephesinde Birinci Kafkas Kolordu Kumandanlığıyla ileri harekâtta bulundum. Daha Diyarbakır cephesinde iken edindiğim intibaatımı 11 Kânunisâni 1334 (11 Ocak 1918)'de bir layiha olarak alakadar makamlara gönderdim. Tavsiyemin hülasası şu idi: "Sulhden sonra iyi bir programla Kürtlerle meskûn mıntıkalarda esaslı ıslahata müntehi olamayacak olan icraat felaketli olacaktır."

Harb-i Umumi'yi mütareke felâketi takip ettiği için İttihat ve Terakki hükümeti bu havalide bir şey yapamadı. Ben mütareke bidayetinde Erzurum'a gelir gelmez Kürtlük meselesinin yukarıda bildirdiğim müthiş faaliyetiyle karşılaştım. O zaman İstanbul hükümetinin de Kürt İstiklaline taraftar bulunduğunu gönderdiği heyetlerden anlayarak hayretlere düştüm.

Hatta Fevzi Paşa Hazretlerinin de bulunduğu bir heyet(in) reisi İlhami Bey bana heyeti muvacehesinde dedi ki: "Şark vilayetleri Ermenistan olacak, Kürtler de kıyam ile muhtariyet isterlerse Kürtlerle meskûn mıntıkalar olsun kurtulur." İstanbul'un bu cahilane ve gafilane zihniyetini düzeltmeye çalıştım. Kendilerine ve bütün Kürtlere şu fikri verdim: "Düşmanlarımız büyük Ermenistan yapmaya çalışıyor. Buralarda ise en ziyade Kürt kardeşlerimiz oturmaktadırlar. Kürt İstiklali diye çalışanlar düşmanlarımızdır. Maksatları Kürtleri bizden ayırdıktan sonra Ermenistan yapmaktır. Kültleri mahvedeceklerdir. Bunun için Türk ve Kürt kardeşler bu felâkete meydan vermeyiniz."

Kürtlerin ekserisi uslu ve bize pek merbuttur. Bazı şerirlerin teşebbüslerine de mani olunduğu görülünce başka yoldan müthiş propagandalar başladı: "Ermenilerle Kürtler kardeştir, birlikte istiklallerini kurtaracaklar, Şark'ı Türklerden alacaklar." Ben buna karşı Ermenilerle Kürtler arasında münasebet olmadığını, Kürtlerin Hititlerden yâni en eski Türklerden olduğunu, Ermenilerin maksadı(nın) Kürtleri aldatarak yurtlarını işgalden sonra hepsini mahvetmek olduğunu anlattım. Ayrıca mıntıkam dahilindeki aşiret teşkilatını tensik ve bazı nüfuzlu adamlarını tam maaşla istihdam etmek gibi tedbirlerim sayesinde bir Kürt Cumhuriyeti tesisi için Şiro'da içtima ve mukarrerat ittihazı ve İstanbul hükümetinin de yardım ve teşvikine mazhar olarak ve hariçten de ayrıca yardımlar görerek yapılan her teşebbüs akim kaldı. Hatta Sivas Kongresi esnasında Ferit Paşa hükümetinin talimatı neticesi bir Kürt İstiklaline müntehi olacak Elaziz Valisi Ali Galib'in teşebbüsü bile mevziî bir hâdise olarak kapatıldı.

Şark harekâtına mıntıkamın Kürt aşiretlerini de iştirak ettirdiğimden artık Ermeni-Kürt dostluğu ve meselesi de kalmamıştı. Yalnız, Kürtlerin ıslah ve hüsn-i idaresi meselesi pek mühim idi ve bu da artık Ankara hükümetinin en mühim bir işi olacak idi.

Kürtleri bize bağlayan yegane rabıta dinî kuvvet idi. Bazı

aşiret reislerinin aldıkları yarı maaş şayan-ı ehemmiyet değildi. Çünkü haricî eller bunun birkaç mislini temin edebiliyordu. Halk şeyhlerin önünde diz çöküp havlayacak derecede cahil idi. Ermenistan teşkili hülyası sönünce Kürt İstiklali için çalışmalara tekrar faaliyet verildi. Bu faaliyet Cenup (Güney) hudutlarından geliyordu. 21 Teşrinievvel 1337 (21 Ekim 1921) tarihli bir Kürt beyannamesi ile Kürtler İstiklale davet olunuyordu. Beyanname *Bismillah* ile başlıyordu, altındaki mührün ortasında "Kürdistan İstiklal Cemiyeti", etrafında *İnnâ fetahnâ leke fethan mübînâ*[1] ve *nasrun min'Allâhi ve fethun karîb*[2] ayetleri yazılı idi.

12 Teşrinisani 1337 (12 Kasım 1921) tarihli ve 15 maddeli Mevâdd-ı Esasiye diye bir beyannamede dahi, her merkezde bir fırka teşkili ve İptidai, Tâli ve Âli kırkar mektep açılacağı ve kanunun Kur'an-ı Kerim olacağı bildiriliyordu. Bu malumatı Elcezire cephesi Ankara makamatına vermişti.

Kürdistan İstiklalinin hedefinin Ermenistan teşkili olacağı hakikatini lâzım gelenlere bilvesile tekrar anlattım.

Kürt İstiklali ve sonra da Kürtler üzerine bir Ermenistan tesisiyle Kürtlerin imha edilmesi veya Ermenileştirilmesi(-nin) bazı devletlerin müthiş bir programı olduğunu gerekli makamlara anlattım.

Ben gerek Şark'tan ve gerekse son zaferi müteakip Ankara'da yapılması lâzım gelen esasları Hükümet-i milliyemize bildirdim. Kürtlerin haricî teşviklerle bizi ızrâr edebileceklerini, bunun için acilen lâzım gelen tedbirleri anlattım. Hatta 1338 (1922) senesi Teşrinievvel'inde (Ekim) Bursa'da İsmet Paşa Hazretlerine "Büyük salahiyet verilirse Şark'ın ıslahını deruhte ederim" teklifinde bulundum. Fakat Gazi Hazretlerinin buna taraftar olmadıklarından kendilerine açmamaklığımı bildirdiler. Yapılması lâzım gelen işler hakkında 4 Şubat 1338 (1922), 16 Teşrinisâni (Kasım) 1338 (1922), 26 Nisan 1339 (1923) ve 4 Haziran 1339 (1923) ve 20 Ağustos 1339 (1923)'de

---

1 Doğrusu biz sana apaçık bir fetih ihsan ettik. Fetih/1. (e.n)
2 Allah'tan yardım ve yakın bir fetih (gelecektir)... Saff/13. (e.n)

mükerreren ikaz ettim ve layihalar verdim. Şimdiye kadar Kürdistan'ın ıslahı için verilmiş layihaların o havaliyi tanıyan birkaç zattan mürekkep bir komisyonda tetkiki ile esaslı bir program tertibi ve küçük büyük bu programı tatbikle işe başlanmasını, aksi halde Kürtlerin infiale kapılarak büyük zararlar getireceğini tahriren, şifahen ve mükerreren bütün alâkadar zatlara anlattım. "İstanbul'da herhangi bir irticadan korkmak vehimdir. Kürtlerin bakımı ve oraları için hâlâ bir program bile yapmadınız" dedim. Bunu 30 Nisan 1340 (1924)'de Çankaya'da söyledim. Dahiliye Vekili Recep Bey'i de 18 Haziran 1340 (1924)'da ikaz ettim: Dahiliye Vekâletinin hâlâ uyuduğunu söyleyerek yapılması lâzım gelen işleri anlattım. Ve Kürtlerle uğraşan başka milletlerin muazzam neşriyatını gösterdim.

Cumhuriyet Hükümetinin Kürtlüğün ıslahı için neler yaptığını da öğrenelim: Hükümet icraat değil bir program bile yapmamıştır. Hatta verilen layihaları bile tetkik etmemiştir. Yalnız Kürtlerin Palu'da bir Kürt kongresi akdini haber alınca şunları yapmıştır:

11 Eylül 1340 (1924)'da Dahiliye Vekâleti Kürt kıyamı hakkında İstanbul vilayetine emir veriyor. İstanbul'daki bazı Kürt reisleriyle temas yaptırarak malumat alınıyor.

8 Teşrinievvel 1340 (8 Ekim 1924) ve 14 Teşrinievvel 1340 (14 Ekim 1924)'da İlkbaharda Kürt isyanı çıkacağını ve bunun nasıl olacağını İstanbul Polis Müdüriyeti Dahiliye Vekâletine bildiriyor. Bu malumatı da, Mister Tamilen namıyla İngilizce bilir bir merkez memurunu Kürt reisleri ile temasa getiriyor ve onları muhtariyet almak için isyana teşvik ediyor. Ve hatta İngiltere hükümeti tarafından muavenet dahi vaat olunduğuna onları ikna ediyor. Bu halde, ilk harekette Diyarbakır'da Hükümeti ıskat edeceklerini Kürt murahhası Sadi söylüyor.

26 Teşrinivvel 1340 (26 Ekim 1924)'da Çapakçur baş muallimi Dündar Alp Bey hükümet-i merkeziyeye dahi Kürtlerin isyan edeceğini bildiriyor.

Bütün bu işlere ve malumata rağmen, vukuata sahne olacak yerlerde tedbir almak değil, Hükümet-i mahalliyelere haber bile verilmiyor. Halbuki Kürtlerin 135 şube teşkilatı yaparak ve İstanbul hükümetinin malumatı tahtında oradaki reislerle Şark'taki (Doğu) Kürtler temaslar ve kararlar yapıyorlar. Yani Hükümet de bunlarla her daim beraber yürüyor.

Bu hâdiselerden alâkadarlar haberdar edilmediği gibi 27 Teşrinisani 1340 (27 Kasım 1924)'da Halk Fırkasından çekildiğim ve 27 Kânunuevvel 1340 (27 Aralık 1924) Terakkiperver Cumhuriyet Fırkası liderliğine geçtiğim zaman bize de haber verilmiyor.

13 Şubat 1341 (1925)'de Şeyh Said'in yanındaki iki firarinin zayıf bir jandarma müfrezesi ile yakalanmak istenilmesi suretiyle Kürt isyanı başlıyor. Her tarafı zayıf ve Hükümet-i mahalliyeleri habersiz bulan Kürtler şımarıklığı arttırıyorlar. Beş aydan beri vukuatı takip eden ve hatta İstanbul'daki Kürt halkı teşyi eden Hükümetin hiçbir tedbir almayarak ve kimseye de haber vermeyerek beklemesi ve neticede Terakkiperver Cumhuriyet Fırkasını mesul tutmak istemesi tarihî bir hâdisedir. Şöyle ki:

23 Şubat 1341 (1925) akşamı Başvekil Fethi Bey bizim fırka (Terakkiperver Cumhuriyet Fırkası) reisleriyle görüşmek istediğini bildirdi. Ben, Rauf Bey, Adnan Bey, Cafer Tayyar Paşa Başvekâlet odasında Fethi Bey'e mülaki olduk. Fethi Bey vaziyeti bize şöyle bir izahla bir teklif yaptı: "Nasturilerin tedibi sırasında iki alaydan bazı zabitan ve efradın İngilizlere firar ettiği malumdur. Bilahare efradın avdetinde yapılan tahkikatta ilk Meclis azasından Bitlisli Yusuf Ziya ve aşiret reislerinden Mutkili Hacı Musa, Hasanlı Halit ve diğer Halit Beyler ve sair birkaç kişi tevkif olunmuştu. Hınıs'tan Bitlis'e celp olunurken Hasanlı Halit'in adamları jandarmalarımızı pusuya düşürerek Halit Bey'i firar ettirmişlerdi. Birkaç gün evvel Piranlı Şeyh Sait'in yanında firarilerden iki kişiyi gören jandarmalarımız bunları derdest etmek ister. Şeyh Said vermez. Müsademe olur, jandarmaları vururlar, iş büyür Şeyh Said Çapakçur ve

Ilıca'yı işgal eder. Diyarbakır'da bulunan Üçüncü Ordu Müfettişi Kazım Paşa Hükümetin talebiyle Ilıca'ya bir süvari müfrezesi gönderir. Fakat müfreze kumandanı şehit olur. Müfreze dağılır. Diyarbakır'daki Süvari Fırkasını Piran'a göndermişti. Hacı Arif Bey kumandasındaki bu fırka Piran'ı işgal ve asiler ile müsademe ederek akşam Eflani'ye geçer; fakat geceleyin Şeyh Said kuvvetleri tüfeklerine Kelâm-ı Kadim astıkları ve kelime-i şehadet getirdikleri halde hücum ederler. Fırka kumandanı bataryasını ve makinalı tüfeklerini terk ile yüz elli kişi ile Piran istikametine kaçabilir.

BİZİM KÜRTLÜK MINTIKASINDA
TEŞKİLATIMIZ BİLE YOK ·

Mesele gerçi Kürtlük cereyanı fakat irtica şekil ve mahiyetindedir. Biz biraz evvel heyet-i vekile toplandık, Gazi Hazretleri de bulundular. Neticede sizinle görüşmeyi ve sizden fırkanızın teşkilat-ı hariciyesini lağvetmenizi rica etmeye karar verdik."

Ben şu cevabı verdim: "Fethi Beyefendi... Böyle mühim bir vaka karşısında Heyet-i Vekile toplanıyor, Reisicumhur geliyor, birçok şey konuşuluyor. Sonra muhalif fırka rüesası ile görüşmek isteniliyor. Ben bekliyordum ki bizim de vaka hakkındaki fikrimiz ve şu dâhilî tehlike karşısında elbirliğiyle çalışmamız teklif olunacak. Kürtler hakkında şifahen ve tahriren mükerrer ikazıma kimse ehemmiyet vermedi. Bununla beraber ister Kürtlük ister irtica olsun fırkamız beyannamesinde dahi ilan veçhile Hükümete yardım vazifemizdir. Fakat Heyet-i Vekile içtimaının neticesi(nin) böyle siyasi bir maksattan, gayrimeşru bir tekliften ibaret kalması cidden şayan-ı teessürdür. Buna Reisicumhurun da inzimam-ı fikri şayan-ı hayrettir. Ben evvelâ size soruyorum, bu teklifin makul ve meşru bir şey olduğunu bizzat siz kabul ediyor musunuz? Bizim Kürtlük mıntıkasında teşkilatımız bile yoktur. Diğer teşkilatı lağvettiğimiz takdirde dahi hâdiseyi fırkamıza yükletmek kolay olmaz mı? Bunun ne burada ne de fırkamızda münakaşasına dahi tahammülümüz yoktur. Biz bu teklifi reddediyoruz. İsterse kuvvet ile fırkamızı dağıtsın. Ben fırka reisi olmak sıfatıyla en evvel göğsümü istibdat süngüsüne karşı gererim. Fakat neticenin nerede durduğunu kestirmek de mümkün olmaz. Bizim teklifimiz şudur: Kürt ihtilali Hükümet(in) idaresizliği yüzünden çıkmış ve büyümüştür. Elbirliğiyle bu hususta bulunuruz ve Fırka şubelerine Kürt isyanına karşı Hükümetle birlikte aldığımızı, Hükümet-i mahalliyelere yardım etmelerini tamim ederiz. Bunu irtica şeklinde tamimle tehlikeyi başka mıntıkada sardırmayınız.

Fethi Bey: Mütalaalarınız doğrudur.

Netice: Gazi bizimle görüşmek istemiyor, Fırkanın lağvı müzakeremiz bu suretle bitti.

23 Şubat 1341 (1925) celsesinde Genç, Muş, Ergani, Dersim, Diyarbakır, Mardin, Urfa, Siverek, Siirt, Bitlis, Van, Hakkari vilayetleri ile Erzurum vilayetinin Kiğı ve Hınıs kazalarında bir ay müddetle idare-i örfiye ilanı kabul olunmuştu. 25 Şubat celsesinde Başvekil Fethi Bey Şark hâdisesini izah ederek Malatya'da dahi idare-i örfiye ilanına lüzum hasıl olduğunu bildirdi. Bunun üzerine söz alarak kürsüden şu beyanatta bulundum:

"Hükümetimizin beyanına nazaran bazı Şark vilayetlerimizde idare-i örfiyeyi mucip hâdiseler zuhura gelmiştir. Bu, mahdut mütegallibenin haricî teşvikatla bazı emellere nail olmak için halkı dinî tahrik ile ızlal ettikleri anlaşılmıştır. Dini alet ittihaz ederek mevcudiyet-i milliyemizi tehlikeye koyanlar her türlü lanete layıktır. Hükümetimizin kanuni olan icraatına biz de bütün mevcudiyetimizle müzahiriz. Dahilî ve haricî herhangi bir tehlike karşısında bütün cihan bilmelidir ki, bu vatanın yekvücut evlatları her zaman, her fedakârlığa kadirdir." (şiddetli alkışlar)

Mesele Kürtlük İstiklaline matuf fakat muvaffakiyetini kolaylaştırmak için işe dinî mahiyet verilmişti. Bütün İstiklal Harbi müddetince sükûnetini temin ettiğim Kürtlük feci bir akıbete gidiyordu. Bunun için kürsüden şiddetli beyanatta bulunmakla beraber, isyanı takbih ve Hükümetle müştereken bu isyana karşı cephe aldığımızı şubelerimize de ilan ile Hükümet-i mahalliyelere yardımı tamim ettik.

Hükümetin teklif ettiği hıyanet-i vataniye kanununa bir madde ilavesi de bu celsede kabul olunmuştu, ki şudur:

"Dini veya mukaddesat-ı diniyeyi siyasi gayelere esas veya âlet ittihaz maksadıyla cemiyetler teşkili memnudur. Bu kabil cemiyetleri teşkil edenler veya bu cemiyetlere dahil olanlar hain-i vatan addolunur. Dini veya mukaddesat-ı diniyeyi alet ittihaz ederek şekl-i devleti tebdil ve tağyir veya emniyet-i devleti ihlal veya dini veya mukaddesat-ı diniyeyi alet ittihaz ederek her ne suretle olursa olsun ahali arasına fesat ve nifak ilkası için gerek münferiden ve gerek müctemian kavlî veya tahrirî veyahut fiilî bir şekilde veya nutuk iradı veyahut neşriyat icrası suretiyle harekette bulunanlar kezalik hain-i vatan addolunurlar."

GAZİ PAŞA ŞİDDET İSTİYORDU

Başvekil Fethi Bey Kürt isyanını Dahiliye Vekili Recep Bey'in idaresizliğine veriyordu. Halk Fırkasında şiddetli münakaşalar başlamıştı. Maksat her tarafta ekseriyeti celbeden bizim fırkayı kapatmak ve Kürt isyanı vesilesiyle her tarafta terör yapmak idi. Fethi Bey bunu kabul etmiyordu. Rızamızla kapatmak cihetini iltizam etmiş idi, bunu biz kabul etmeyince zor göstermeyi Cumhuriyet idaresi ile kabil-i telif bulmuyordu. Bunun için İsmet Paşa Takrir-i Sükûn Kanunu ile iş başına geçirildi.

Gazi Paşa şiddet istiyordu. Fırka içtimada şöyle söylemişti:

Evvelâ Hükümeti tenkit etmiş, şiddet lazım olduğunu, devletin elinden tutmanın lüzumunu söylemiş ve bütün hülasası" İnkılabı başlatan inkılabı tamamlayacaktır" nutkuyla Halk Fırkası doksan rey ile Fethi Bey hükümetine adem-i itimat beyan etmiş ve Terakkiperver Fırkanın zuhuru ile çekilen İsmet Paşa bu suretle şiddet politikasıyla iş başına gelmişti.

Takrir-i Sükûn Kanunu[3] Şark'ta, Garp'ta İstiklâl Mahkemeleri, idam cezası salahiyetleri, Meclisin tatil-i faaliyeti, Terakkiperver Fırka teşkilatının ilgası, kulüplerinin seddi gibi icraat az bir zamanda mevki-i tatbike konulmuştur.

"Bu şiddet-i idarenin milletin hukuk-ı tabiiyesini ve hürriyetini tahdit ve tazyik edeceğini, milletin masûniyet-i şahsiyesine taalluk eden hürriyetlerinin hükümetin idaresine, takdirine, murakabesine tevdi olunduğunu, müstebit hükümetlerin nizam-ı içtimai prensibi arkasından daima kendi emellerini saha-i icraatta ileriye sürdüklerini, herkesin ferdasından emin olamayacağını, bütün keyfî hükümetlerin olanca icraatını, olanca yanlış harekâtını huzur ve sükûn kapısından, kaidesinden içeri sokmuşlardır. Bu kanun hakimiyet-i milliyenin ruhuna tamamıyla muhaliftir. İnsanların zihninden geçen fikri bile bunun şümulüne ithal etmeye imkân vardır." diyerek Fırkamız azasından ve Adliye Encümeninden Feridun Fikri Bey uzun uzadıya tenkit etti.

Ve bu esaslar dahilinde Ali Fuat Paşa, Rauf Bey, Zeki Bey, Halis Turgut Bey bu kanunun hakimiyet-i milliyeyi darbeleyeceğini ve hükümet-i müstebide teşkil edeceğini, hakimiyet-i milliyeye elveda demek lâzım geldiğini söylediler.

3 Takrir-i Sükun Kanunu
Madde 1. İrtica ve isyana ve memleketin nizam-ı içtimaisini ve huzur ve sükunetini ve emniyet ve asayişini ihlale bais bilumum teşkilat ve tahrikât ve teşvikat ve teşebbüsat ve neşriyatı Hükümet, reisicumhurun tasdiki ile re'sen ve idareten men'e me'zundur. İşbu ef'âl erbabını Hükümet İstiklal Mahkemesi'ne tevdi edebilir.
Madde 2. İşbu kanun tarih-i neşrinden itibaren iki sene müddetle mer'i olacaktır.

Ticaret vekili	Maarif vekili	Maliye vekili	Dahiliye vekili	
Ali Cenani	Hamdullah Subhi	Hasan	Cemil	
Bahriye vekili	Müdafaa-i Milliye vekili	Adliye vekili	İcra Vekilleri reisi	
İhsan	Receb		Mahmud Esad	İsmet
Ziraat vekili	Hariciye vekili	Sıhhiye vekili	Nafia vekili	
Bulunamadı	Bulunamadı	Doktor Refik	Süleyman Sırrı	
Adliye Encümeni'nden	Saruhan		Çorum	Konya
	Mustafa Fevzi	Münir	Refik	
Karesi	Bayezit	Kırşehir		
Ahmed Süreyya	Şefik	Ali Rıza		

Bilhassa ben aynen şu beyanatta bulundum:

"Muhterem arkadaşlar! Evvelce bu kürsüden söylediğim veçhile isyan zuhur eden mıntıkada hükümetimizin her türlü kanuni icraatına taraftarız. Ve bunu bir daha tekrar ediyorum. Fakat bu muayyen hâdise karşısında milletin hukuk-ı tabiiyesini tazyike matuf olacak icraata katiyen taraftar değiliz. Huzur-ı âlinize getirilen kanun gayr-i vâzıh ve elastikidir. Eğer bu kabul edilirse ve buna istinaden teşkilat-ı esasiyemizin ruhundan doğan siyasi taazzuvlar ve bunların faaliyetini tahdide veyahut matbuatı tazyike teşebbüs edilirse halk hakimiyeti tenkis edilecek demektir. Çünkü artık Milletvekillerinin sedaları dahi bu kubbe altından harice çıkamayacaktır.

Bu kanunu kabul etmek Cumhuriyet tarihi için bir şeref değildir. İstiklâl Mahkemelerine gelince: İstiklâl Mahkemeleri, isminin medlulü veçhile İstiklal Harplerimiz esnasında yapılmış ve yapılması lâzım gelen bir mahkeme idi. Binaenaleyh bunların tarihe karıştırılması da Meclis-i âliniz için tarihî bir şereftir. İsmet Paşa Hazretleri fikren İstiklâl Mahkemelerini ıslahat aleti zannediyorlarsa pek ziyade yanılıyorlar." dedim.

Hükümet Fırkasının beyanatı: Teşkilat-ı Esasiye Kanunuyla taht-ı emniyete alınan hukuk-ı ammenin ve milletin hakk-ı hakimiyeti bu kanunun kabulüyle siyanet edilecektir. Bu milleti sükûn ve huzura götürmek içindir. Adı üzerindedir. Takrir-i Sükûn Kanunudur. Bunda eshab-ı namusun ve memleketin terakki ve tealisini hedef ittihaz etmiş taazzuvların, teşkilatın korkmasına mahal yoktur. Bu namussuzların ve memlekete kundak sokmak isteyenlerin korkacağı bir kanundur. Telaşa lüzum görmüyorum.

Müdafaa-i Milliye Vekili Recep Bey de bu esasları müdafaadan sonra: "Millete, milletin asaletine, Cumhuriyet-perverliğine, milletin azametine, mevki-i hürmet ve tazimine en küçük bir şüphe noktası ihsas edecek hiçbir fikir, hiçbir nokta, hiçbir müzakere ve hiçbir karar var mıdır? dedi ve matbuat hürriyetine karşı tecavüzkâr bulundu.

Başvekil İsmet Paşa da şu beyanatta bulundular: "Muhalefet

erkânının ve zannederim bütün azasının hissiyatına tercüman olan mütalaatını dinledik. Muhalefetin bütün azasına fikirlerini son kelimeye kadar ifade ettiren millet kürsüleri bütün dünyada nadirdir. Siyasi hatt-ı hareketimize ilk temas anında muhalifler hassasiyet ve faaliyet gösteriyorlar. Siyasi hatt-ı hareketimizin sıhhatine en bariz âraz-ı salime budur. Mevzu-i bahs olan kanunun hukuk ve teşkilat-ı esasiyeye temas eden nazik dikkat-i nazarın teşrihini arkadaşlarım kemal-i muvaffakiyetle ve kemal-i vuzuh ile ifa ettiler. Hiç kimsenin zihninde şüpheye bırakmayacak derecede bir kanaat-i kat'iye ile anlaşıldı ki mevcut olan kanun teşkilat-ı esasiyenin hududu dahilinde memlekette tedabir-i nâfia cümlesinden asar-ı nâfia vücuda getirecek bir kanun mahiyetindedir. Bu itibarla hey'et-i celilenin sabrını suistimal edip mükalemeyi uzatmak istemem. Yalnız muhterem Kazım Karabekir Paşa, ıslahatı İstiklal Mahakimine istinaden mi yapacaksın diye soruyorlar. Islahatı, emniyet ve asayiş temeline istinat ederek yapabiliriz. Benim kanaatim budur. Emniyet ve asayiş temelini muhafaza etmek, taksim etmek için bütün kanunlar gibi İstiklâl Mahkemesi de bir vasıtadan ibarettir. Emniyet ve asayişin ve huzur ve sükunetin muhafazası milletin her türlü kanunlardan beklediği ilk ve başlıca bir kaidedir ki, bu hususta hiçbir tedbiri ihmal etmemek mecburiyeti kat'iyesi karşısındayız. Yalnız bir şey sorayım: bana ıslahattan bahsederken bu memlekette ıslahat fikirleri, teceddüt, terakki fikirleri ahlaksızdır diye bar bar bağırırken muhalefet erkânı niçin bir tek kelime söylemediler. Şimdi muhalif bir vaziyet alan arkadaşlarım söz söylemek lazım geldiği zaman söz söylememeleri bir manayı haizdir.

Muhterem Rauf Beyefendi, "Cumhuriyeti tehlikede görmüyorum ve onun için bu kanun lazım değildir" buyurdular. Cumhuriyetin tehlikede olmadığı esasında bu müşahede de kendisiyle beraberim. Benim mütalaam ve nokta-i azimetim şudur ki, bir vaziyeti mütalaa eden ve vaziyete göre tedbir bulan bir Cumhuriyet hiç tehlikede olur mu? Bu kanunun lüzumunu idrak eden, bugünkü vaziyete göre bu kanunun lüzumunu takdir eden ve bunu Meclis-i Âliye izah eden ve kabule iktiranını talep eden bir Cumhuriyet evlatları Cumhuriyeti tehlikeye bırakırlar mı? Cumhuriyet evlatları yakında yeni tedabire ihtiyaç hasıl olur ve vaziyet tebeddül ederse cümlelerini derpiş edecektir. Bunda tereddüde mahal yoktur. Binaenaleyh ittihaz ettiğimiz tedabir doğrudur. Ve vaziyete göre tedabir ittihaz edecek seviyede bulunan Meclis-i Âli Cumhuriyeti ve Cumhuriyetin memlekete vadettiği terakkiyat ve ıslahatı behemahal temin edecektir. Zannederim ki bu mesele üzerinde gerek siyasi ve gerekse kanuni nokta-i nazardan Hükümet kâfi derecede izahat arz edebilmiştir."

BUNLAR SATILMIŞ KİMSELERDİR

Kanunun birinci maddesi okundu: "madde 1- İrticaa ve isyana ve memleketin nizam-ı içtimaisini ve huzur ve sükûnunu ve emniyet ve asayişini ihlale bais bilumum teşkilat ve tahrikat ve teşvikat ve teşebbüsat ve neşriyatı Hükümet Reisicumhurun tasdikiyle re'sen ve idareten men'e mezundur. İşbu ef'al erbabını Hükümet İstiklâl Mahkemesine tevdi edebilir"

Söz aldım şunu söyledim:

"Efendim! Recep Beyefendi bilhassa İstanbul matbuatını hedef ittihaz ederek lâzımı kadar beyanatta bulundular. İsmet Paşa Hazretleri de herhangi bir zatın beyanatı karşısında muhalif fırkanın hiçbir söz söylemediğini söylediler. Esasen bu kanunun bilhassa birinci maddesinden endişemiz bu iki vehim ve zandır. Bugün matbuat bu milletin ma'kes-i efkârıdır.

(Haykırışlar arasında, Tokat Mebusu Sabık Karargâh Kumandanı Mustafa Bey, "bunlar satılmış kimselerdir, keratalar satılmıştır" diye bağırdı.

Ben devamla: "Müsaade buyurun efendim! Bütün gazetelerden çıkan sözlerin muhassalası olmaz. Arzu buyuran zevat benden sonra cevap verir. Muhalif fırkanın beyanatta bulunmaması hakkında İsmet Paşa Hazretlerinin böyle bir zan ve vehmi demek oluyor ki böyle bir kanunu tevlit etmiştir.

(Kozan Mebusu Yüzbaşı Saip Bey: Hayır efendim, dedi.)

Ben devamla: İşte efendiler bizim endişemiz böyle elastiki ve böyle her şeye cezbedilebilir ve istenildiği şekle sokulabilir bir kanunla hakk-ı hürriyeti tahdit etmek içindir. Binaenaleyh bu kanunun kabulüyle matbuat memleketimizde tamamıyla takip edilmiş olacaktır. ("Asla" sesleri) Ben devamla: İnşallah böyle olur ve muhalefet erkânına karşı veyahut herhangi bir yerde siyasi taazzuvlara karşı zan ve vehimle birçok icraata kıyam edebilmek daima muhtemeldir. (Maarif Vekili Hamdullah Suphi Bey: Merak etmeyiniz..)

Ben devamla: Ben şunu arz edeyim ki bilhassa İsmet Paşa Hazretlerine, yirminci asırda zan ve vehimle millet idare edilemez."

Bundan sonra Hükümet fırkasından kanunu müdafaa için gayr-i vaki beyanatla kanunun behemehal kabulü hakkında sözler söylendi. Fırkamız tayin-i esami ile rey verilmesini istedik. Neticede 144 zat reye iştirak etti. 122 kabul, 22 ret ile kanun kabul edilmiş oldu.

İsmet Paşa beyanatında: "Cumhuriyet evlatları, yakında yeni tedabire ihtiyaç olursa ve vaz'-ı yed ederse cümlesini derpiş edecektir." diye kanunu Meclis kabul etmezse bunu feshe kadar gideceği ve daha şedit tedbirler alacağı tehdidini savuruyordu. Mesele yeni değildi. İstiklal Harbi'nde kol kola çalışanlar ve hatta daha ilk günlerin şüpheciliği içinde hayatlarını müşterek tehlikeye koyanlar arasındaki ayrılık yolu idi. Ben, Ali Fuat Paşa, Refet Paşa, Rauf Bey İstiklal Harbinde, daha Erzurum, Sivas Kongreleri esnasında dahi Mustafa Kemal Paşa'yı samimi tutuyor ve ileri geri münakaşalar yapmakla beraber istikametimizi daima doğru yoldan beraber yürümeye çekiyorduk. Fakat sulhtan sonra devam eden birkaç senelik münakaşalarımız ve şekiller ki bugün millet muvacehesine intikal etmiştir. Mühim ayrılığa sebep olmuştur. Bugünkü Kürt hâdisesi, ki Hükümetçe de takip edilmişti, bir vesile oluyordu.

Gazi Hazretleri bir gün ekseriyeti kaybedeceklerinden endişe ederek bu müthiş kanunla karşımıza çıkmak istiyorlardı. Bunu Fethi Bey kabul etmedi, fakat İsmet Paşa işi ele aldı. Keşki daha ilk günden kendi vaadi ve kendisini seven, herkesten evvel takdir eden benim de tavsiyemi tutsa idi de

Gazi Hazretleri siyasi işlere karışmasa idi. Ne böyle hürriyetimizi ezecek şedit kanunlara ve ne de arkadaşlar arasında bu geniş uçuruma mahal kalmayacak idi. Bugün vaziyet nazik oldu. Birtakım kısa görüşlü insanların Millet Meclisindeki kısa vaatlerine rağmen olacak işler açık görülüyor. Fakat yazık ki hepimizin hayatı mahduttur. Bu, kuvvetli olduğumuz senelerde millet kendini her medeni millet gibi idare etmezse o mahdut ellerin çekilmesinden sonra ne olacaktır? Düşünülmüyorsa... İşte kanunu elde eden İsmet Paşa daha fazlasını istiyordu: Harekât-ı askeriye mıntıkasında ve Ankara'da birer İstiklâl Mahkemesi! Bu harekat mıntıkasındaki İstiklâl Mahkemesinin idam kararlarını Meclis'te tasdik edilmeksizin icraya selahiyet isteyen kanun geliyor, arkasından bu kadar mühim, Cumhuriyeti tehlikeye koyacak diye feryatlar edildiği ve sıkı tedbirler alındığı bir zamanda Meclisin tatil-i içtimaı teklif ve alelusul ekseriyete iktiran ediyor, hem de Divan-ı Harb-i Örfilerin ve Ankara İstiklâl Mahkemesinin de idam kararını alması kararı alındıktan sonra..

4 Mart 134l (4 Mart 1925) ve 31 Mart ve 20 Nisan tarihli (Meclis) zabıtlarının tekrar tekrar okunması lâzımdır. İdam salahiyetlerini ver ve Meclisi tatil et... Bu ne elim mes'uliyettir. Bu hususta dahi çok söyledik.

Ben: "Muhterem arkadaşlar! Bugün Şark'ta zuhura gelen hâdiseyi bizler ancak gazetelerde bir çerçeve dahilinde okuyor ve anlıyoruz. Şu kanun bir buçuk gün Fırkada müzakere ve münakaşa edildiği halde burada yarım saat zarfında iki hatip arkadaşımızın münakaşasına tahammül göstermemek çok insafsızlık olur. Bugün en şedit kanunu Hükümetiniz eline alarak bütün matbuatı susturmuştur. Her şey susmuştur, herkes tamamıyla susmuştur. Şu halde hür olarak Milletvekillerinin fikrini beyan edeceği ancak bu mukaddes kürsü kalmıştır. Bunu da burada Müdafaa-i Milliye Vekâletini işgal eden Recep Beyefendi'nin gayet şedit bir beyanatıyla ve hatiplere karşı şahsi tecavüzatıyla tesir yaparak takyit etmesi zannederim ki hayırlı bir iş olmaz. Şu vaka hâdis olduğundan beri parça parça kaçıncı kanundur ki huzur-ı âlinize geliyor. Bakıyoruz, bir kanun geliyor ertesi gün duruyoruz, sonra ikinci bir kanun geliyor. Efendiler! Bu hadise yeni bir hâdise değildir. İnşallah yakında mesele bitecektir. Bittikten sonra daha iyi teşrih olunur. O vakit bendenizin de söyleyecek sözlerim vardır. Bu hâdise çok evvelden beri malum olan hâdise idi. Fakat bunu belki Hükümet çıkarttıramayabilirdi.

(Gürültüler).

Müsaade buyurunuz efendim

(Gürültüler)

Bendeniz sonra söylerim, madem ki çıkmıştır, hükümet en şedit kanunlarını huzur-ı âlinize bir defada getirir bir defada münakaşasıyla buradan çıkabilirdi. Bir gün birçok münakaşalar birçok zamanlar sarf edilerek hallediliyor. İdare-i örfiyede bu talep edilen salahiyet, Şark meselesi, Kürt meselesi için değildir. Madem ki bu kanun bir kere huzur-ı âlinizde kabul edilip çıkıyor, her nerede idare-i örfiye ilan ediliyorsa yani en münevver mıntıkaya dahi aynen tatbik edilecektir.

(İsyan çıkarsa sesleri),

("Hayır" sesleri) Bundan dolayı (gürültüler) mademki Divan-ı Harb-i Örfilere bu salahiyet veriliyor ve idare-i örfiye hakkı da Hükümete bahşedilmiştir. Bunların hepsi silsileten zuhura gelebilir. Bundan dolayı onun şahsını müteessir edecek tehditkâr bir takım sözler söylenmemelidir, zannederim. İlmî olarak arzu edilen cevaplar verilir.

(Tehdit yok sesleri)

Ruşen Eşref Bey: "Kim masum kanı ile elini bulaştırmak ister Paşa Hazretleri".

Ben: "Bugün isyan edenlere bütün şiddeti göstermek ve bunları gayet az bir zamanda imha etmek her namuslu insanın tamamıyla arzu ettiği bir şeydir."

Ruşen Eşref Bey: "O halde münevver muhitlerden niçin şüphe ediyorsunuz?"

Ben (devamla): "Müsaade buyurunuz efendim… Arz

ettiğim mesele Hükümetimizin yapacağı işi def'aten getirerek müdafaa etmeyip de her gün parça parça kanun getirmesidir. Kanunlar geliyor, birkaç arkadaşımız çıkıyor, mütalaatta bulunuyor. Sonra bugün Müdafaa-i Milliye Vekâletini işgal eden arkadaşımız geliyor kemal-i şiddet ve tesir ile ve acı acı laflarla hamiyetten ve vatana karşı yapılmış olan hizmetlerden bahsederek alî ittihamatta bulunuyor. Herkesin bu vatana karşı yapmış olduğu bir hizmet vardır, yapacağı bir hizmet vardır, tabii ona idraki, şuuru, mantıki bir istikamet göstermeye çalışıyor. Binaenaleyh birbirimizi rencide edip, birbirimizin kalbini zehirleyeceğimize, herkesin fikrini bu kürsüden serbest olarak arz etmesine müsaadenizi rica ediyorum.

Bahriye Vekili İhsan Bey: Müsaade buyurunuz. Pek ehemmiyetli bir mesele mevzubahis olmuştur. Muhalif fırka lideri "harekât-ı isyaniyenin vukuundan evvel malumatımız vardı" diyorlar. Niçin hükümeti haberdar etmemişlerdir ve İstiklâl Mahkemesine bu harekât-ı isyaniyenin avamili hakkında niçin malumat vermiyorlar?

Ruşen Eşref Bey: "Milletin açık kürsüsünde söyleyecek sözlerim vardır, dediler. Davet ediyoruz, söyleyecekleri nedir? Açık söylemeleri lazımdır Niçin her tarafta hürriyet tahdit edilmiştir. Tahdit edilen hürriyet değil anarşidir. Gazeteler de yazabilir, her yerde herkes de söyleyebilir, bunu nereden çıkartıyorlar?

Reis: "Ruşen Eşref Bey rica ederim, anlayamadığınız muhtaç-ı izah yerler var ise sorarsınız.

Ruşen Eşref Bey: "Paşa Hazretleri! İtham fecidir. Adeta Hükümetin elleri kanla mülemmadır, şunu asacak bunu kesecektir, deniyor; içimizde kabul eden insan var mıdır?

İşin nasıl mugalataya boğulduğu ve kimlerin feryat ettiği görülüyor. Yukarda izahat vermiştim ki 11 Eylül 1340 (1924)'da Hükümet Kürdistan isyanını eline alıyor, 8 ve l4 Teşrinievvel 1340 (8 ve 14 Ekim 1924)'da ise Mister Tamilen oyunuyla her şeyden haberdar oluyor ve hatta isyanı teşvik de ediyor, sonra da 13 Şubat 1341 (1925)'de Şeyh Sait hâdisesi çıkıyor. Sebep de yine jandarmalar oluyor. Yani isyandan beş ay evvel Hükümet herşeyi biliyor. Buna rağmen Hükümetin bir uzvu olan Bahriye Vekili ile Hükümetin en yakın bir uzvu olan Ruşen Eşref Bey ne demek istiyor, evlatlarımız tarihin bu satırlarını hayretle okuyacaklardır. Bu feci münakaşa daha devam etti şöyle ki, Meclis reisinin: "öyle söylemiş olsalar derhal kürsüden geri aldırırım. Yani hükümetin eli kanla mülemmadır diye bir şey söylenmiş olsa derhal geri aldırırdım. Hükümetin eli kanlıdır, herkesi boğacaktır, böyle bir şey söylediniz mi?

Ben: Hayır…

Ruşen Eşref Bey: Öyle bir şey söylenmiş değildir. Fakat...

Bahriye Vekili İhsan Bey: Reis Paşa..." matbuatı susturdunuz, muhalefeti, kanunu ki Meclis-i Âli'den çıkmıştır, memleketin asayişini, sükûnetini ihlal edenlere söz söyletmez. Fakat tenkit ve murakabe serbesttir. Matbuat susmuş mudur? Bu itham değil midir. Hükümeti itham değil midir? Namuslu bir ekseriyeti (gürültüler)..

Müdafaa-i Milliye Vekili Recep Bey de uzun cevabında ezcümle şunları söylediler: "Kazım Karabekir Paşa Hazretlerinin halâ yüreğinden acısı çıkmadığını zannettiğim matbuat meselesi ki bendenizce bugün bu memlekette matbuatın namuslu ve vatan mefhumu dahilindeki hududu üzerinde matbuatta çalışmak isteyenlere en açık bir saha-i hürriyet daima güşâdedir. Kazım Karabekir Paşa gibi, nizam ve intizam gibi bir devletin hayatına medar-ı istinat olacak fikr-i sükûn ve istikrarı en iyi anlamış olmak mevkiinde bulunan bir zatın makûs bir sahada makûs bir zaviye-i niyetle görmüş olmalarını müsaadeleriyle söyleyeceğim. Devlet idaresi noktasından aramızdaki çok mütebariz olan farklara hamlediyorum. Yalnız diğer taraftan da der-hatır ediyorum ki Kazım Karabekir Paşa Hazretleri icraat-ı mevcude ve maziyeleri ile devletin en müşkil anında en kuvvetli bir surette bir devlet müessesesinin nasıl hareket etmesi lâzım geldiğini fiilen tatbik etmiş bir zattır.

Efendiler… Türkiye'de hürriyet vardır. Türkiye'de namus borcunu anlamış olanlar için hürriyet ebediyen nâ-mahduttur.

Efendiler, yine ifadelerine göre hür olarak bu kürsü kalmış imiş bunu da susturmayınız.

Efendiler... Ne kadar ağır bir ithamdır. Bunu yalnız kendi mukabillerini ıskât etmek ve haksız göstermek için bir propaganda mahiyetinde addedip meselenin bu noktası üzerinde tevakkuf etmek istemiyorum. Muhterem Paşa Hazretleri ağır bir ithamda bulundular. Muhterem İhsan Bey arkadaşım bihakkın sükûnetlerini muhafaza edemeyerek derhal bulundukları yerden cevap verdiler. Kazım Karabekir Paşa Hazretleri buyurdular ki "Hükümet bunu vaktinden evvel bilirdi.[4] Defedecek esbab ve tedabire malik idi." Bu ne ağır bir ithamdır... Kazım Karabekir Paşa Hazretleri Hükümete ve her gün hesabını almakta olduğu zümreye karşı "Bu felaketlerin sebepleri sizlersiniz, ispat etmek için bugünün fevkaladeliğinin istilzam ettiği sükutu muhafaza ederek günü geldiği vakit hesabını sizden soracağım" diyor. Memur ettiğiniz Hükümetin ağır mes'uliyetli vazifesini gece gündüz uyumayarak iktidarımız derecesinde hüsn-i idare etmeye çalışıyoruz. Bunun mükâfatı ortada yok ise bugünkü hadisenin sebepleri sizlersiniz diyerek yüzümüze karşı bağırmak mıdır?

Recep Beyin ifadelerinde pek doğru bir cihet vardır ki o da şudur: "Devlet idaresi noktasından aramızdaki çok mütebariz olan farklar." Bu millet muvacehesinde Hükümet ağzından işitmek çok faydalı bir şeydir. Ben asri bir teşkilatı istiyordum. Bu arkadaşlar ise hâlâ bir reis etrafında tutunmaktan ibaret olan köhne sistemden ayrılmıyorlardı.

Bahriye Vekili İhsan Bey'in mugalata yaparak ortaya attığı fikir bir takrir halinde riyasete verildi. Tarihimizin yaman cilvelerinden olmak üzere derc ediyorum:

---

4   İfadelerimde böyle bir şey yoktur. Hükümetin bu işi vaktinden evvel bildiğini ve kurcaladığını da bu sıralarda bilmiyordum. Sonra öğrendim. Vekil beyler işi takip ettiklerinden, benim beyanatımdan, benim de bu işi bildiğimi zannettiler, telaşa geldiler. Benim söylediğim Kürdistan ıslahı için tekliflerim idi.

Riyaset-i celileye

Kazım Karabekir Paşa kürsüden şimdi vaki olan beyanatında isyana dair esaslı ve derin malumata vakıf olduğunu ifade eylemiştir. Binaenaleyh kendisinin bu babdaki malumatını İstiklâl Mahkemesine ve Hükümete tevdi eylemesini selâmet-i memleket namına teklif ve rica ederim.

Sinop Meb'usu

Recep Zühtü

Mustafa Kemal Paşa Hazretlerinin Ordu Müfettişlik karargâhında Erzurum'a gelen bu zat ile o zaman görüşmek, tanışmak fırsatını bulamamış idim. Müfettişlik vekâleti bana devrolunduğu zaman şifre memuru olarak alıkoysaydım Kürt hâdiseleri hakkında mahallindeki tedbirlerimi ve Hükümeti ikazımı görür bugün bana ve benden ziyade milletvekillerinin hürriyetine bu kadar ağır tecavüzde bulunmazdı.

Ahmet Hilmi Bey (Kayseri) şu mukabelede bulundu: Reis Paşa bu kürsü serbesttir... Bu kürsüden söylenen sözler ile İstiklâl Mahkemesini telif etme âti için tehlikeli bir çığırdır. Binaenaleyh bu ciheti nazar-ı dikkate almak lâzımdır.

Reis: Reye koyacak değilim efendim..

Ben kürsüye gelerek şunları söyledim: Arkadaşlar! Bendeniz isyanın sebebi hükümettir veyahut sebebi şudur, budur diye bir şey söylemedim. Hikmet-i hükümet bu gibi vekayii..

Refik Bey (Konya): Her taraf susturulmuştur demediniz mi?

(Gürültüler)

Reis: Bu suretle müzakere devam edemez efendim.

Mümtaz Bey (Trabzon) (Fırkamdan): Bizim gibi Fırkanın neferleri itiraz ederse anlarım. Fırkanın reisi böyle her vakit müdahale eder mi?

Reis: Efendim... O daima öyle hararetlidir.

Muhtar Bey: Geçenlerde de Ordu bizim zihniyettedir, demiş idi.

(Hayret... Fırka liderlerinden biri her taraf susturulmuştur demediniz mi diyebiliyor, halbuki mesele benim İstiklâl Mahkemesine verilmeye müteveccih!)

ALINIZ BUNLARI TERCÜME ETTİRİNİZ

Ben devamla: Benim deminki maruzatım hikmet-i Hükümet icabı vekayii tabii Hükümet memurları ve gerek askerî anasır vasıtasıyla zamanında haber alır ve zamanında tedbir yapar. Daha uzağı görür ve def'aten bir teklif getirir. Her gün böyle "Bu teklif kâfi gelmiyor" diye parça parça mevzularla gelmemesini temenni ettim. İşte asıl bendenizin maruzatımda bu görülebilir. Bu dert yeni değildir ve bunun yeni olmadığını herkes bilir. Bendenizin Şark cephesinde on senelik hayatım geçmiştir. Recep Beyefendinin Dahiliye Vekili olduğu zaman bendenizi lütfen ziyarete geldikleri vakit dahi bunları arz etmedim mi?

Müdafaa-i Milliye Vekili Recep Bey: Evet, mukabil maruzatta bulundum.

Ben devamla: Müsaade buyurun efendim... Kıymetli raporlar vardır, toplayınız dedim ve kendileri de "maalesef bir şey yok" dediler. Dahiliye Vekilinin en mühim vazifesi bugün vatanın hayatıyla alakadar Şark vilayetleri ile meşgul olmasıdır, dedim ve aman kıymetli raporlar vardır, bunları tetkik edin. İngilizce ve Rusça o kadar eserler yazılmıştır ki bunlar şayan-ı hayrettir ki tercüme dahi edilmemiştir. Kemal-i samimiyetle bir tanesini gösterdim. Alınız bunları tercüme ettiriniz dedim. Buradaki samimi beyanatım da budur, yoksa Hükümet sebebiyet verdi değildir. Nasıl olur ki bugün çırpınan Hükümet bir takım edânîye kalkın bir şeyler yapın diyor.[5] Bu nasıl olur? Onun için yanlış telakki edilmesin. Benim söylemek istediğim daima tekrar eder ki, yapılacak şeyi daha evvel görmek ve daha evvel teklif edilip toptan çıkarmaktır. Yoksa İstiklâl Mahkemesini müzakere ettiğimiz zamanda ricam aynı

---

5 Mister Tamilen hikayesini 8 Haziran 1341 (1925)'de, yani bu celseden iki ay ve bir hafta sonra okuduğumuz zaman hayretlere düştük.

idi. İstiklâl Mahkemesine lüzum yoktur, o mıntıkada idare-i örfiye ilân ediyorsunuz, bu meseleleri Divan-ı Harb-i Örfilere veriniz daha iyi olur. Maksadım bu idi; rica ederim su-i telakkiye meydan verilmesin.

Neticede kanun aynen kabul edildi ki şudur:

Madde 1- Hal-i harpte yahut müsellahan ve müctemian isyan vukuunda saha-i harekât ve isyandaki idare-i örfiye mıntıkalarında müteşekkil bilumum divan-ı harplerden sadır olan idam kararları Ordu ve Kolordu veyahut müstakil fırka veya mevki-i müstahkem kumandanları tarafından ba'de't-tasdik derhal infaz olunur.

Madde 2- İşbu kanun tarih-i neşrinden muteberdir.

Madde 3- İşbu kanunun icrasına Müdafaa-i Milliye Vekili memurdur.

Tayin-i esami ile re'ye vaz'ını on beş imza ile istedik. Netice-i re'ye iştirak eden 145'ten 123 kabul, 20 ret, 2 isimsiz beyaz ile kabul olundu.

20 Nisan 134l (1925) celsesinde Halk Fırkası Kâtib-i Umumisi Saffet ve liderlerinden Konya Meb'usu Refik Beyler Meclisin 22 Nisan'da tatili ile 6 ayı geçmeden toplanması hakkında bir takrir verdiler. Halk Fırkası hatipleri bunu terviç ettiler. Fırkamız "İsyan hâdisesi tamamen hitam bulmamıştır, ruznamede dahi mühim kanunlar bulunduğundan" bu teklifin aleyhinde bulunduk. Fakat 22 Nisandan 22 Teşrinievvel'e (Ekim) kadar tasrih edilerek ve "Meclis azasının memleketleri dahilinde tetkik ve murakabe vazifelerinin ihzar ve teneffüs ve istirahat haline irca ihtiyacı şedîden hâsıl olduğu cihetle" kaydı ile tatil kabul olundu. Akabinde İsmet Paşa'nın imzasını taşıyan âtideki dört tezkere Hükümetin tatil hususundaki maksadını daha açık meydana attı. İstiklâl Mahkemeleri ile istediğini yapacak idi. Halbuki müzakere edebilecek müstacel bütçeler de vardı. Bu husustaki ikazımıza cevap dahi verilmedi.

Hükümetin tezkereleri:

Büyük Millet Meclisi Riyaset-i Celilesine

11. Kanuna mahsus mucibince altı ay için intihab edilmiş olan iki İstiklâl Mahkemesinin müddet-i faaliyetinin kariben Meclis-i âli tatil-i mesai eyleyeceği cihetle, müddet-i muayyenesinin hitamından itibaren daha altı aylık bir devre için temdidi hakkında Meclis-i âliden karar istihsal buyrulması mercuvvdur efendim.

Başvekil
İsmet

Büyük Millet Meclisi Riyaset-i Celilesine

12. Meclis-i Âli kariben tatil-i mesai eyleyeceği cihetle Ankara İstiklâl Mahkemesine de, Meclis-i âli tekrar içtima edinceye değin idam salahiyeti itasına lüzum ve zaruret görülmüş olmakla bu babda Meclis-i âliden karar ittihaz buyrulması mercuvvdur efendim.

Başvekil
İsmet

Büyük Millet Meclisi Riyaset-i Celilesine

13. İsyan sahasında ve civarındaki vilâyatta ilan edilmiş olan ve ahiren de 24 Nisan 1341 (1925) tarihine kadar temdid edilmiş bulunan idare-i örfiyenin kariben Meclis-i âlinin tatil-i faaliyeti dolayısıyla, tarih-i mezkûrdan itibaren daha yedi ay kadar temdidine lüzum ve zaruret görülmüş olmakla Meclis-i Âliden bu babda karar istihsal buyrulması mercuvvdur efendim.

Başvekil
İsmet

Büyük Millet Meclisi Riyaset-i Âlisine

14. Meclis-i Âlinin tatil-i mesai devresinde tekmil memleketin teşkilat-ı mülkiyesinde yapılması lâzım olan tadilat projesi ihzar ve Meclis-i Âlinin tekrar içtimaında nazar-ı tasvip ve takdirine arz edilecektir. Ancak tatil esnasında isyan sahasında teşkilat-ı mülkiyede bir tadilat icrasına lüzum hasıl ve faide görüldüğü takdirde Meclis-i âlinin âtiyen içtimaında tadil veya tasdik hakkı mahfuz kalmak üzre bu teşkilatın icra ve tatbiki için Meclis-i âliden Hükümete salahiyet ve mezuniyet istihsal buyrulması mercuvvdur efendim.

Başvekil

İsmet

Müzakerede Fırkamız aleyhte mantıki sözler söyledi. Meclisin tatil kararından evvel bu kanunlara lüzum olduğu neden Hükümet tarafından bildirilmedi? diye itirazlarda dahi bulundu. Tayin-i esami ile konulmasını istedik fakat ekseriyet zaten Hükümetin emirlerini daha evvel kabul etmiş olduğundan birinci kanun 149 reyden 130 kabul, 17 ret, 3 müstenkifle kabul olundu.

Ankara İstiklâl Mahkemesine idam salahiyeti verilmesi hususunun Teşkilat-ı Esasiyeye muvafık olmadığını müdafaa ettik.

Ben: Arkadaşlar... İdam salahiyeti, isyan sahasında ani olarak tesir yapması için muvafık olabilir ve yapılır. Fakat şimdiye kadar gerek Hükümetin ve gerek diğer arkadaşların vaziyet hakkında verdikleri malumata nazaran Ankara İstiklâl Mahkemesi için idam salahiyetine hiç lüzum görmüyorum. Geçende Başvekil Paşa Hazretleri yapılan seferberlikte bütün efradımızın vazifelerini bırakarak isyan sahasına koştuklarını, şevkle atıldıklarını ve bu suretle isyanın bastırıldığını ve mütebakisinin de pek seri olarak bastırılacağını ifade buyurdular. Şimdiye kadar Ankara İstiklâl Mahkemesinden gelip geçen davalar ve beyan edilen bütün vakalar, Ankara İstiklâl

Mahkemesine idam salahiyetini vermeye lüzum göstermiyor. Eğer buna lüzum gösterecek bir hâdise tasavvur ediliyorsa esasen Meclis-i Âlinin vazifesi böyle bir hâdise karşısında derhal içtima etmektir. Şark'taki hâdise muayyen ve herkes tarafından artık görülebilir ve tel'in edilecek bir vaka olduğu için orada tatbik edilecek idam hükümleri bilahare bizi müteessir etmeyebilir. Fakat Meclis-i âlinizin bulunmadığı bir zamanda, Ankara İstiklâl Mahkemesinden geçecek herhangi bir hükmü idamın icrası, bilahare meyus olsak dahi telafisi imkânı gayr-ı kabil bulunur.[6] Onun için bendeniz bir takrir takdim ediyorum: Ankara İstiklâl Mahkemesine idam salahiyetinin verilmemesini arkadaşlarımdan rica ediyorum.

Adliye Vekili Mahmut Esat Bey (İzmir): Efendiler...

Kazım Karabekir Paşa Hazretleri Şark için idam hükümleri için salahiyet verilmesini muvafık gördükleri halde şu sırada Ankara İstiklâl Mahkemesine idam salahiyeti verilmesinin aleyhinde bulunuyorlar ve esbab-ı mucibe olarak da bilhassa bir noktaya temas ediyorlar. Diyorlar ki Başvekil Paşa Hazretleri geçendeki beyanatında isyanların hitam bulmak üzre olduğunu ifade etmişlerdir. Binaenaleyh idam salahiyetinin Ankara İstiklâl Mahkemesine verilmesinde mana nedir?

Efendiler. Paşa Hazretleri hareket-i isyaniyenin Türk Cumhuriyeti(nin) süngüleriyle imha edilmek üzre bulunduğu bir sırada bu isyan hareketinin sorumlularının ceza görmeyeceğinden bahsetmediler. İsyan tamamen dahi hitam bulmuş olabilir, fakat onun sorumluları tamamen tecziye edilmiş olur mu? Asıl onun faillerini tamamen tecziye etmek ve akıttıkları kanın cezasını vermek lâzımdır. Şark'ta hâdis olan isyanın sebepleri acaba yalnız o mıntıka dahilinde midir? Başka tarafta yok mudur?. Hükümetin yaptığı tetkikat ve tahkikat bizi o neticelere doğru götürmektedir. Binaenaleyh Meclis-i Âlinin

---

6 Bu İstiklal Mahkemesi'nin, ben de dahil olduğum halde bütün fırkamızı tevkife ve bir kısım azamız hakkında idam kararı verip akabinde infaza, bu müzakere günü aldığı salahiyetle yürüyeceği meğerse mukadder imiş. (Paşa'nın "İzmir Suikastı faslında sarahat var" dediği bölüm Emre Yayınları tarafından İzmir Suikastı Davası adıyla ayrı bir kitap halinde derlenmiştir. y.n)

tatil-i faaliyet ettiği bir sırada Ankara İstiklâl Mahkemesinin vereceği hükümlerin memleketin, mazlumların ve Cumhuriyetin menafi-i aliyesi nokta-i nazarından bir gün bile ikmal edilmemesi lâzım gelir. O zaman İstiklâl Mahkemesi hükümetini tasdik ettirmek için hey'et-i celilemizi nerede arayarak, nerede bulacak ve nerede tasdik ettireceğiz? Yine hey'et-i celilenizin tasdikine iktiran eden İstiklâl Mahkemeleri kanunu mucibince bu hakkı, İstiklâl Mahkemesine verebilirsiniz. Vatan zaman zaman böyle şeylere muhtaçtır. Dar günlerde bulunuyoruz. Binaenaleyh vermekte hiçbir mahzur-ı kanuni ve siyasi görmüyorum. Bilakis memleketin menafi-i âliyesi nokta-i nazarından lüzum ve zaruret görmekteyim. İdam edilecek var mı, yok mu? bunu mahkeme bilir. Fakat beş kişinin idamı endişesi karşısında memleketin menafi-i âliyesini hiçbir zaman ihmal etmek hakkını haiz değildir. Cumhuriyetin menafii bunu emreder. (Halk Fırkasından Bravo sesleri).

İDAM EDİLECEK VAR MI YOK MU?

Efendileri, yalnız Cumhuriyet için, yalnız Türk vatanı ve Türk milletinin menfaati için göz yaşı döker ve onun için ızdırap duyarız. Yoksa beş kişinin idamından dolayı katiyen ızdırap duyamayız. Memleket sağ olsun. Onun yükselmesi lâzımdır, (keza bravo sesleri).

Adliye Vekilinin beyanatı bir hayli gariptir. Hem Meclisin tatilini istiyorlar hem de cümle öldürülmesi lâzım gelen insanlar için Meclisi nerede arayacak, bulacak ve nerede tasdik ettirecek diyorlar!. Öldürmek için bu isticale ne lüzum var, iş mühimse Meclisi neden tatil ettiriyorsunuz. Asıl dikkat edilecek mühim noktalardan ikisi şunlardır:

1. Hükümetin yaptığı tedkikat ve tahkikat bizi o neticelere doğru götürmektedir.

2. İdam edilecek var mı yok mu? bunu mahkeme bilir..

Bunlara nazaran meselenin peşinen malum olduğu anlaşılıyor. Pek garip bir söz de "Dar günlerde bulunuyoruz" cümlesidir. Şark'ta isyan söndürüldüğünü Başvekil bildiriyor. Adliye Vekili "Dar günlerde bulunuyoruz" diyor. Gerçi herkesin de anladığı bir darlık varsa ki o da Terakkiperver Fırkanın memlekette ekseriyeti kazanacağı meselesidir. Kanunların şiddetinin hedefinin Fırkamızı kapatmak ve bize karşı her şiddeti ele almak olduğunu herkes aşikâr görüyordu. Bunu birkaç celsede münakaşa zemini de yapmış idik. Bilerek veya bilmeyerek bize Millet kürsüsünden merak etmememizi tavsiye eden bazı Halk Fırkası Mebusları da vardı. Fakat Adliye Vekilinin bu cevabı "Dar günlerde bulunuyoruz" ifadesi Fırkamıza ve matbuatımıza karşı hal-i tabiide kaybedeceklerini, anormal vaziyetle kazanmak istenildiğini gösteriyordu. Cumhuriyet evlatları arasında biz de vardık ve bunu fiilen vâsi sahalarda dahi ispat etmiştik. Tehlikede olan Cumhuriyet değil şahıslardı. Mahmut Esat Bey pek âlâ biliyordu ki Türk vatanı ve Türk milletinin menfaati için gözyaşı döken ve onun için ızdırap duyanlar arasında Terakkiperver Fırka azası kendilerinden çok ileride idiler.

Kürsüden şu cevabı verdim: Evvelâ şunu tashih buyursunlar ki bendeniz Şark'taki idam hükümlerini muvafık görmedim "müteessir etmeyebilir" kaydını koydum. Bunu lütfen tashih buyursunlar. İkincisi: Acaba mümkün değil midir ki Şark'taki isyan ile alakadar olan şahıslar oraya götürülsün ve orada bu olaya ait bütün umura vazifeli olan bir mahkemeye verilsin. Bu daha doğru olmaz mı?

Adliye Vekili Mahmut Esat Bey: Şark'taki İstiklâl Mahkemesi heyet-i celilenizin müntehibidir. Binaenaleyh oraya itimat edilirken buraya itimat edilmemesi gibi bir mana ifade edilmesi doğru değildir, diye bir takım mütalaalardan sonra hey'et-i celileniz bu selahiyetleri İstiklâl Mahkemesine vermekle memlekete ve Cumhuriyete en büyük iyiliklerden birini yapmış olacaktır, dediler. Bu sözleri Adliye Vekili sıfatıyla mı söylüyorsunuz sualine de evet cevabını verdiler.

Refik Bey (Konya) de Şark Garp birdir. Karabekir Paşa Hazretlerinin mantıkları gibi Şark'ta ölenlerin ehemmiyetleri yoktur, ondan müteessir olmayabiliriz, Garb'ta (Batı) ölenlerin ehemmiyeti vardır diye bir mantık kabul edemeyiz dedi.

Kürsüden şu cevabı verdim: Efendim.. Bendenizin beyanatımda Refik Bey'in buyurduklarının hiçbir nefhası bile yoktur. Kısaca arz edeyim, evvelâ bütün hayatımı bilen arkadaşlar bilirler ki bendeniz memleketin en fakir bir evladının üzerine bile en yüksek bir şahsiyet kadar, ne kadar titremişimdir. Binaenaleyh Şark'ta ölenler ölsünler buradakiler ölmesinler demedim. Bendeniz dedim ki, Şark'taki arkadaşlar vak'anın içindedirler, teferruata vakıfdırlar, onların vermiş oldukları karar doğru olabileceğinden dolayıdır ki neticeden müteessir olmayabiliriz. Buradaki arkadaşlar hâdisatı kilometrelerce uzaktan görecekleri için burada yanlış bir karara vasıl olabilirler. Dahiliye Vekili Beyefendinin beyanatından bir cümle aldım. Eğer tasavvur edilmeyen herhangi bir vaka çıkar da hazır idam salahiyeti bulunur diye bir mütalaa varsa ona karşı da dedim ki: eğer bu mıntıkada böyle idam kararını mucip bir hâdise olursa, esasen Meclis-i Millinizin vazifesi bir an evvel buraya koşmaktır. O halde neden Şark'taki mahkemeye yeniden bir salahiyet olarak veriliyor? Binaenaleyh Şark'takiler ölsün, Garp'takiler ölmesin gibi bir şey söylemedim. Bilhassa benim Şark'ta pek kıymetli zamanlarım, pek büyük mesaim geçtiği için böyle bir şeyi hatır ve hayalimden geçirmem.

Mukabil münakaşalar devam etti.

Bizden dahi Rahmi Bey (Trabzon) pek muhik olarak şunu söyledi: Cumhuriyet adliyesinin isyan sahası haricindeki isyan müsebbiplerini tedipten aciz olduğunu itiraf etmiş olmuyorlar mı? Millet adliye teşkilatı için milyonlarca para sarf ediyor.

Nihayet benim şu takririm re'ye kondu, biz tayin-i esami ile re'ye konulmasını istedik.

Riyaset-i Celileye

Şifahen arz ettiğim esbaba binaen Ankara İstiklâl Mahkemesini muayyen bir müddet için idam salahiyetinin i'tâsı muvafık değildir. Bu babdaki Başvekâlet tezkeresinin reddini teklif eylerim.

İstanbul

Kazım Karabekir

148 re'ye iştirak edenler, 129 kabul, 18 ret, 1 müstenkif ile Ankara İstiklâl Mahkemesi de Meclise sormadan idam kararını yapmak salahiyetini almış oldu.

İstiklâl Mahkemeleri, Halk Fırkasının nüfuzlu ve celadetli insanları öldürmek salahiyetiyle de mücehhezler. Herkes bu mütekâsif kuvvetin mahall-i tatbikine merakla muntazır. Evvelâ bizim kulüpler kapatıldı. Bizim programın altıncı maddesi olan "Fırka efkâr ve itikadat-ı diniyeye hürmetkârdır" irticakârane imiş. Hükümet memleketin nizam-ı içtimaisini ve huzur ve sükûneti muhafaza için alınacak tedabir meyanında Terakkiperver Fırka teşkilatının seddi mecburiyetinde bulunmuş, bunu 9 Teşrinisâni 1341 (9 Kasım 1925) celsesinde Başvekil İsmet Paşa Millet Meclisi kürsüsünden ilan ettiler. Ve Halk Fırkasının bravo seslerini ve alkışlarını aldılar.

Bizim bu madde hakkında İstanbul kulübümüzde kongre akdiyle karar vereceğimizi bildiklerine rağmen, kongreden bir gün evvel bu kulübü de Hükümet kuvvetiyle kapatmıştı. Bir hayli İstanbul gazetecileri de nefyedildi ve gazeteleri kapatıldı.

Bizim Fırka beyannamemizde aynen şu vardı: "Hangi fırka hakimiyet-i amme, hürriyetperverlik, Cumhuriyetçilik esaslarındaki nokta-i nazarı, bu babdaki esaslarımıza tevafuk ederse bu noktada onlarla beraber yürümekten ve her nevi irticai hareketlere mukavemetten çekinmeyeceğiz."

FIRKAMIZIN DAHA MUHAFAZAKAR OLMASINA TEMİN ETMİŞTİR

Teşkilat-ı Esasiyemizin ikinci maddesi şu idi: "Türkiye Devletinin dini, din-i İslâmdır. Resmî dili Türkçedir, başşehri Ankara şehridir." 75'nci madde ise "Hiç kimse mensup olduğu din, mezhep, tarikat ve felsefi içtihadından dolayı muaheze edilemez."

Gazi Hazretleri bizim fırka çıktığı zaman bu maddeyi de okumuşlar ve fırkamızın daha muhafazakâr olmasını temenni etmişler ve böyle bir halde yardım dahi ederim demişlerdi.

Yine Gazi Paşa, İzmir gazetecilerine bu teşkilat-ı esasiyeden bahsederken: Milletimiz için hiçbir noktasının her ne şekil ve manada olursa olsun tebdiline müsaade edilmek imkânı yoktur. Bu düstur milletçe nusûs-ı Kur'aniye mertebesinde mühimdir. Çünkü nusûs-ı Kur'aniye dahi bunu müeyyiddir buyurmuşlardır.

Acaba bu sözler, bu işler karşısında bizim altıncı maddedeki "Fırka efkâr ve itikadat-ı diniyeye hürmetkârdır" Laiklik ifade etmez mi? Farz edelim ki ilk günden Hükümet manzumesi ne kendi ifadelerinin ve ne de bizim bu maddenin herhangi bir fena tesirini düşünemedi, fakat şimdi gördü. Şu halde mukabil samimiyetle bu gibi sözler programlardan çıkarılamaz mı? Bir siyasi fırkanın en münevver olan İstanbul'daki kulübünün dahi seddiyle cihana karşı kabiliyetsizliğimizi ilan etmeli idi.[7] Türklerin muhalefeti hâlâ anlamadığım maatteessüf 1932 senesi kitaplarında hâlâ mekteplerde bile okutuyoruz. Bu zihniyetle yetişecek vatan çocukları Cumhuriyeti nasıl muhafaza

7 Serbest Fırka programında böyle bir madde bulunmadığı halde, Halk Fırkası'na galebe edeceği görülünce aynı akıbete mazhar olmuştur.

edeceklerdir. Her ne ise, Fırkamız tamamıyla söndürüldükten sonra Meclisten İstiklâl Mahkemelerine salahiyetler almak için "Dar günlerde bulunuyoruz" diye haykıran Adliye Vekili Bursa Belediyesinde 2 Temmuz 1341 (1925) şöyle bir nutuk verdi: "Muhalifler gizli ve sinsi çalışmışlardır. Muhalefet suikast yapmıştır. Muhalifler mücrimdirler. Maksatlarında vuzuh yoktur. Vazıh iş yapmamışlardır.) Bu tarihî nutuktan evvel ve çok sonra da Hükümet gazeteleri aynı nakaratı yaptılar. "Suikast mı, taklib-i Hükümet mi?" diyerek büyük ser-levhalarla günlerce çırpındılar. 9.11.1340 (1924) celsesinde İsmet Paşa'nın Musul'un âtisinden de endişe-nak görülen nutuklarından sonra söz aldım ve şu beyanatta bulundum:

"Vatanımız için pek mühim haricî vaziyet-i siyasiyemiz mevzubahis olduğu bir sırada Başvekil Paşa Hazretlerinin beyanatını uzun uzadıya tahlil ve tenkit etmeyi hal ve zaman dolayısıyla faydalı addetmiyorum. Temennimiz vatanımızın en büyük menafiinin istihsaline Hükümetimizin muvaffak olmasını görmektir. Yalnız şu kadarını arz edeyim ki Terakkiperver Cumhuriyet Fırkasının sedd kararında Hükümetin beyanatta bulunmadığı halde gazetelerle ve bazı beyanatla bu fırka irticaa ve suikastlara alet olarak gösterilmiştir. Bu gibi beyanat ve neşriyatın böyle mühim bir zamanda dahilde ve hariçte muvaffakiyatımız için ve Cumhuriyetimizin teali ve tarsini için ne büyük zarar iras edeceğini müstağni-i arz addederim. Binaenaleyh dahile ve harice karşı büyük bir vuzuh ile ve açık alınla bu işâ'atı redd ü tekzib ederim.

Kılıç Ali Bey: (Gaziantep):Vesikalar var..

Ben: Vesikaları irae edersiniz..

Sükut… bu vesikalar ne idi acaba? Bilhassa *Hakimiyet-i Milliye* ve *Cumhuriyet* gazetelerinde Falih Rıfkı ve Yunus Nadi imzalarıyla mükerreren bahsedilen bu vesikalardan Mecliste Kılıç Ali Bey bahsetti. Ben de meydana çıkarmaya davet ettim. Ses çıkmadı. Gazetelerin bu tarzdaki adice propagandalarını daha evvel İzmir'de Başvekil Paşa'ya da hususi mektuplarımla şikâyette bulunmuş idim."

Kürt Meselesi • 41

Bu tarihî iftirayı reddime karşı Halk Fırkasından şu sözleri işittik.

Mustafa (Tokat): Kendi başınıza iş yapmayınız. Sekiz on kişi ile iş olmaz. Kendi başınıza iş yapmak istiyorsunuz.

Başvekil İsmet Paşa, nutku hakkında bizi söz söylemeye davetle beraber vesikalar hakkında şunu söylediler: Bize ait olmayan beyanatı biz, redd ü tekzip etmeye bir suretle müdahale etmeyiz.

Nihayet 19 Haziran 1342 (1926) Polis Müdürü Ankara'daki evimden beni "İsmet Paşa sizinle görüşmek istiyor, Başvekâlet dairesinde sizi bekliyorlar diyerek aldı. Yarı yolda gelen bir otomobildeki polisler, İsmet Paşa Hazretleri "görüşmeye ihtiyaç kalmadı" buyurdular, dediler beni evime iade etiler. Bugünkü *Hakimiyet-i Milliye* gazetesinde 'suikast' havadisini okudum. "Taklib-i Hükümet ve suikast macerası" ser-levhalarını okuyunca geçen seneden beri kulaklarımda patlayan bu klişeyi Millet Meclisinde millet muvacehesinde reddettiğimi ve Kılıç Ali Beyin de "vesikalar var" dediğini benim de "vesikaları irâe edersiniz" dediğim gözlerimde ve kulaklarımda canlandı.

22 Haziran'da Jandarma Kumandanı beni evden aldı. Etlik bağlarındaki köşküm bir hayli jandarma ve polisle sarılmıştı. Yine İsmet Paşa benimle görüşmek istiyor denildi. Polis dairesinde bir gece yerde yattım. Şiddetli protestom üzerine birkaç gece de jandarma kumandanlığında yattım. Başlı başına bir eser teşkil eden bu alçakça hadisenin teferruatına burada lüzum görmüyorum. Sebep olanların iki cihanda felaketlerini her dem dilerim. Ankara İstiklâl Mahkemesi ki idam kararlarını da infaza salahiyet almıştı. Müddei-i Umumisi dahi Ali Bey isminde olan bu Üç Ali Beyler heyetinde, suikastlar hakkında vesikalar var diye Kılıç Ali Bey de dahil idi. Vesikalar millet muvacehesinde gösterilmişti. Biz bir kısmımız beraat ettik, Fırkamızın bir kısım azası da asılma ölümü ile bu fâni dünyadan gittiler. Fırkamızdan mebus olarak idam edilenler: Şükrü Bey Kocaeli, Arif Bey Eskişehir, Abidin Bey Saruhan,

Rüştü Paşa Erzurum, Halis Turgut Bey Sivas, İsmail Canbolat Bey İstanbul.

Bir kısım İttihat ve Terakki mensupları da Ankara'ya naklolunarak orada aynı akıbete vardılar.

Milli tarihimiz için bu davanın bir adli mahkemede rü'yeti daha şerefli olurdu. Halk Fırkasının en nüfuzlu azasının kararıyla muhalif bir fırkanın altı Mebusunun öldürülmesi tarihimize büyük bir dâva olarak geçmiş bulundu.

1927'de yeni Mecliste artık Halk Fırkası tek vücut gibi arz-ı endam eyledi ve memleketin mukadderatını sorgusuz sualsiz idare etti. Gerçi bir aralık Fethi Bey'in Serbest Fırkası çıkarıldıysa da bunun da Halk Fırkasına hâkim istikamete gittiği görülerek bazı hâdiselerin ithamıyla ve liderinin aldığı emre imtisalen fırkasına lağv emrini verdi.

KÜRT MESELESİ İLE İLGİLİ GÖRÜŞLERİM

Başkumandanlık Huzûr-i Sâmîsine Müdâfaa-i Milliye

Vekâlet-i Celilesine

Ankara

9.6.1339 (23)

Kürtlerin aşiret teşkilatı mahzurlu olduğundan asker alımına tabi kılınmaları hakkında Bitlis vilâyetinin Dâhiliye Vekâleti'ne teklifi üzerine Erkân-ı Harbiye-i Umûmiye Riyâseti mütâlaa-i âcizimi sordu. Verdiğim cevabı ehemmiyetine binâen arz ediyorum. Tensip buyurulursa Kürdistan'ın ve Kürtlerin çağdaşlaşması için vukufu olan zevatın lâyihaları toplanarak [evvelce muhtelif makamlardan verilmiş ve yeniden talep olunacaklar] Şûra-yı Askerînin ilk işlerinden olmak üzere tetkik ve alakadar vekâletlerin de mütalaalarıyla bir esas tespit olunması ve artık küçük büyük bu program gibi üzerinde yürünmesini pek lüzumlu görüyorum. Her memur tecrübesine nazaran bir fikir buluyor, bittabi zamanla tecrübesi arttıkça fikri ve programı değişiyor. Muhtelif makamlar birbirine zıt fikir ve kararlarda bulunuyorlar. Bu tarzın sürüp gitmesi bilhassa sulhten sonra pek zararımıza olacağını arz eylerim.

4/6 Tarihli mütâlaât aynen yazıldı.

Kazım Karabekir

Tahrirat

Erkân-ı Harbiye-i Umumiye Riyasetine

Ankara

4.6.1339 (23)

C: 22.5.1339 (23) ve 1/1794:

Aşiretlerin Nizamiye kadar iş göremediği ve reislerinin zorba olduğu pek malum bir keyfiyettir. Aşiret teşkilatının her ne nam altında olursa olsun devam etmesi bu asırda maddi ve manevî ve dâhilî ve haricî zararlı bir şeydir. Ancak sulhun akdinden evvel ve bilhassa Şark kıtaları garnizonlarına avdet etmeyen evvel bir teşebbüsü muvafık bulamıyorum. Bundan sonra aşiret teşkilatı lağvedilse dahi bunca senelik bir hak tanınmış kimselerin maaşını kesmeyi bir siyaset telakki etmiyorum. İlk mesele nüfuzun kırılması olup Şark mıntıkasında bu yapılmıştır. Mesele ikidir:

1. Aşiret teşkilatının lağvı, 2. Kürtlerin askerliğidir.

Birincisi ne kadar zararlı ise, ikincisi de bugün için hayli zararlıdır.

(a) Bugünkü Ceza Kanunu ile Kürtlerin askerliği(nin) temin edilemeyeceği tecrübe edilmiştir. Silah ve elbiseyi alıp hemen hepsi savuşacak, zabt u rabtı bozacaklar, maddi ve manevi kıtalarımız zararlara girecektir.

(b) Kürtlük meselesi gittikçe kurcalanmakta olduğundan yapılması lâzım birçok icraattan evvel asker alımı muamelesinin tatbiki her Kürt'ü bizden soğutacaktır.

(c) Askere geldiklerini ve iyi terbiye aldıklarını farz edelim. Siyaseten bize aleyhtar oldukça bu talim ve terbiye aleyhimize olacaktır. Çünkü herhangi bir hal karşısında Türk askerinden ve bilhassa top ve makineli, tayyare tesirlerinden korkan Kürtler, talim ve terbiye aldıktan sonra bunlardan korkmayacak ve siyasî entrikalar fiilî sahaya geçerse meselenin halli kolay olmayacaktır.

Binaenaleyh aşiret teşkilatının ilgası lüzumunu görenler asker alımının mahzurunu düşünemeyerek beyan-ı mütalaa etmektedirler. Bâlâdaki mahzurları arz ettikten sonra mutaleatımı arz eyliyorum:

[Kürdistan'ın ıslahı hakkında Sarıkamış'tan arz ettiğimi der-hâtır ettiğim lâyiha sureti nezdimde olmadığımdan onun da mütalaa buyurulmasını rica eylerim.]

Kürdistan'da yol yoktur. Kürdistan'da ziraat ve sanayi de yoktur. Halk fakir, tembel ve bittabii kolayına geldiğinden hırsızlığa meyyaldir. Hükümet ve bilhassa adliyenin mevcudiyeti hiçtir. Çünkü ben mahrumiyet içerisine ve metruk bir vaziyete İzmir, Bursa, Adana, Ankara ve hatta Erzurum memurları gibi aynı şerait altında, kimse düşmek istemez. Binâenaleyh idaresizlik, haksızlık, irtikap müthiştir. Bunları bu halde bırakıp Kürtleri askere almak demek, düşmanlarımıza, propagandalarınızı daha kolay yapın, demektir. Şu halde ilk iş, idare-yi hükümeti ve adliyeyi ıslah etmek ve asker alımına tabi kılınacak halkı da 'yol, köprü' inşasına ve kısmen de ziraat müfrezeleri teşkiliyle gerek mekteplerini ve gerekse kendilerini medeniyete sevk etmek ve bu sürede bir kaç sene geçirerek Kürdistan'da umran göstermek ilk yapılması lazım gelen işler olmalıdır. Kürtler diyanetten, salabetten de mahrum olduklarından bir kaç yerde Türk uleması nezaretinde medreseler açmalıdır. Yekpare bir Kürtlüğün zayıf zamanımızda teşvikata kapılarak hem kendilerini mahv hem de bizi ızrar etmeleri pek muhtemel olduğundan iki mühim Türk kanalı ile Kürdistan üç kısma bölünmelidir. Bu kanalların

(1) Şimal'den Cenub'a doğru Hasankale-Malazgirt-Bitlis-Siirt-Cizre,

(2) Erzincan-Pülümür-Nazimiye-Palu-Ergani-Diyarbakır-Mardin,

(3) Şark'dan Garb'a Karaköse-Malazgirt-Muş-Genç-Palu,

(4) Siirt-Diyarbakır yani Dicle boyu. Bunlardan en mühimi Malazgirt ve Nazimiye mıntıkalarına kuvvetli Türk köylerinin yerleştirilmesidir.

Bu işlerin bir elden olması ve idarenin askerî olmasını akdemce (daha önce) de arz etmiştim. Vali ve kaymakamlar asker olmadıkça ne Kürdistan'da bir şey yapılır ve ne de Kürtler bir şey yaparlar.

Hülâsa;

1. Kuvvetli bir idare teşkilatı,

2. Türk kanalları,

3. Yollar, köprüler, geçitler, ziraiyat ıslah olarak bir kaç sene mesai ile halk bir iş yapıldığını görmedikçe Kürtleri askere almak demek

(1) Silah, cephane ve elbise vermek (çünkü alıp kaçacaklar)

(2) Kürdistan'ı isyan ettirmek (Çünkü Türkler size ne yaptı; her şeyiniz harap, gençlerinizi alıp öldürecekler diye propaganda kolay olacak),

(3) İsyanı da bastıracağım diye büyük fedakârlıklara katlanmak (Çünkü hem silah ve cephane alacaklar hem de az-çok muallim (talimli) olacaklardır)

Bu mühim hususta ordu kumandanlarının, Hükümet rüesasının malumatlarını da toplayıp işi Şura-yı Askerî'de münakaşa ederek esaslı ve sabit bir şekil bulmayı arz ve teklif eylerim.

Kazım Karabekir

Numara: 776

Suret

Müdafaa-i Milliye Vekâletine

Sarıkamış

29 Temmuz 1339

(20.2.1339 (23)) ve 1366/378 numaralı zata mahsus şifre cevabıdır.

1. Cephe mıntıkasında, teşkilata tâbi ve gayr-i tâbi bilumum aşiretler hakkında istihsal edilen malumat ve bu malumata

merbut cetvel ve krokiler ilişikte takdim kılınmıştır. Toplanan malumattan hulâsa edilebilecek faydalı mevâd ile tevhid edilen cephe nokta-i nazarı bervech-i âtî arz olunur.

A) Siyasi temayülleri

1338 (1922) senesinde Revandiz ve Derbent mağlûbiyetlerini müteakip İngilizler tarafından Şeyh Mahmut idaresinde kurulmak istenen ve sene-i hazıra Nisan'ında Şeyh Mahmut'un isyanıyla adem-i muvaffakiyete iktiran eden (başarısızlığa doğru giden) Kürdistan hükümet-i komedyası Cenup aşiretlerini az-çok alâkadar etmiş ve diğer aşiretleri de düşündürmekten hâli kalmamıştır. Maahaza Kürtçülük cereyanına kapılmış ve bunu tamamen izhar etmiş aşiret rüesası pek mahduttur. Aşiret efradı ise bu gibi siyasî cereyan ve temayüllerden şimdilik uzaktırlar. Ancak sevk-i cehaletle, bilhassa para kuvvetiyle herhangi bir cereyana âlet olmaları ihtimâl dâhilinde görülür. İngiliz siyaseti ancak Revandiz, Musul mıntıkasındaki Kürt aşiretleri üzerinde mahsus (hissedilir) bir tesir icra etmiş ve şimdilik daha şimale geçememiştir. Bu tesirin de kahren, tayyare ve aşiretlerin tapındığı para kuvvetiyle idâme edildiğine şüphe edilemez. Son Revandiz vaziyeti ile İngiliz nüfuzu mezkûr mıntıka için biraz daha kuvvetlenmiş telakki edilebilirse de vaziyet tashih edilince bu da bertaraf edilebilir. Son zaferlerimiz kuvvet ve satvete meftun ve bağlı aşiretlerin bize karşı bağlılığını tezyit ve takviye etmiştir. Takarrür eden bu şerefli sulhumuz dolayısıyla bu bağlılık kesb-i kuvvet edecektir. Simko'nun İran dahilinde şekli kendine mahsus bir hükümet kurmaya çalıştığı zamanlarda bilhassa İran hududuna yakın olan aşiretlerin Hükümetimize karşı rabıtaları günden güne zayıf düşmüş ve hükümetten bir tazyik görseler başlarını alıp gideceklerini ileri sürerek müstağni ve tehditkâr bir vaziyet almaya başlamışlardı. Bu hükümet heyulasının yıkılmasından sonra hükümetimize karşı merbutiyetler artmıştır. Mamafih merbutiyetin ciddî ve sıhhî olduğuna kanaat getirilemez. Hükümet her vakit tamamen etkin ve hâkim vaziyette bulunmadıkça Kültlerin ehemmiyetli ve ehemmiyetsiz gaileler çıkarmaları ihtimal dahilindedir. Rus siyaseti Kürtler üzerinde hâlen şayân-ı ehemmiyet bir tesire malik değildir. Siyasi temâyülât içinde şimdilik gayr-i mahsus (hissedilmez) görünen Kürtlük cereyanı gelecekte cenupta müstakil bir Kürdistan hükümetinin tesisinden sonra bu cereyanın -bütün tedbîrât-ı lazımeye rağmen- şayan-ı ehemmiyet bir şekil alması ve Şark'ta siyasi bir gailenin doğmasına sebebiyet vermesi ve bu vaziyetin İngiliz kuvvet, para ve propagandasıyla tevessü' ederek (genişleyerek) idaremiz altındaki Kürtler üzerinde bir galeyan uyandırması imkan dairesinde görülebilir. Her ne kadar muhtelif ve yekdiğerine muhalif aşiretlerin ittihad ederek bir hükümet teşkil etmeleri pek güç ise de geleceğin bunları bir idare altında toplaması da pek zayıf olmayan bir ihtimal olarak kabul edilmelidir. Bu cereyana ve âtinin inkişafatına karşı alınması zaruri olan tedbirlerden en mühimlerinin tatbiki ve bu hususta pek kuvvetli amiller üzerinde hareket edilmesi ve bu cereyanın istikâmetini arzumuza uygun bir tarafa tevcih eder. Şimdilik aşiretleri hükümet idaresinde ve taht-ı nüfuzunda şeklen tutan aşiret teşkilatı olup bu teşkilat aşiretlerin siyasi temayüllerine kısmen mâni olmaktadır. Teşkilatın birçok mahzurlarına ve hükümete hazar ve seferde maddi ve devamlı bir istifade temin etmesine rağmen böyle bir faydası da mevcuttur. Nizamî mahkemeler yerine icraatı şedit ve ani, adil ve bir nevi sulh ve ceza mahkemeleri tesis, aşiretlerin, kabiliyet-i ruhiyeleri üzerine pek müessir olacağı gibi hükümetin icraat ve adâleti de bunlara gösterilmiş, netice olarak satvet ve nüfuz-ı hükümet teyit, aşiretlerin sadakati temin edilmiş olur. Bir işin senelerce mahkemelerde kalmasından aşiretler gayr-i memnundurlar. Müstebidâne dahi olsa, aşiret reislerinin seri ve katî hükümlerine ihtiyaç duymakta ve binnetice rüesanın nüfuzuna kapılmaktadırlar. Kuvvetli teşkilât ve esaslı tertibat ittihazıyla bunları kendi siyasetimize uygun bir mecraya sevk etmek pek mümkündür.

B) Özellikleri ve hususi vasıfları:

Kürt rüesası eski Avrupa şövalyelerinden farksızdır. Aşiret

fertlerini daima bir derebeyi kudret ve maharetiyle idare etmeyi ve onları pek müstebidâne bir tahakkümle dâire-i inkıyâdına almayı bilirler... Kendilerine iltica edenleri ölmedikçe vermezler. Soygunculuğu, talancılığı çok severler. Hırsızlık, talancılık yapanlar aşiret reisleri içinde mazhar-ı rağbet olurlar. Kanundan, nizamdan tevahhuş ederler. Muhit ve tarz-ı muaşeretlerinin ruhlarında tevlid ettiği azâdeserlik, onlarda makbul ve menfur, yekdiğerin aykırı hisler, hâssiyetler husule getirmiştir. Ruhen merbutiyet hissetmedikleri hükümet memurlarını geçici bir belâ gibi telakki ederler. Hükümet memurlarına karşı daima riyakârane muamele ederler. Şahsen cesur oldukları halde cesaret-i medeniyeleri yoktur. Hemen ayrılabilir ve kolaylıkla ayartılabilirler. Çok hilekâr ve yalancıdırlar. Kendilerine fenalık yapması muhtemel ve kendilerinden kuvvetli olanlardan korkarlar. Bunlara tabasbus ederler (yaltaklanırlar).

Düşmanlarının zayıf zamanlarından istifade etmeyi bilirler. Ve bu anı takdir edecek kabiliyettedirler. Umumiyetle askerden çok korkarlar. Düşman olarak üstün bile olsalar nizami kuvvetler ile muharebeyi göze aldırmazlar. Nizamî kıtalar dahilinde talim ve terbiye görenler fevkalâde cesur, sadık, mutî ve iyi asker olurlar. İşret ve sair menâhî-i dîniyyeden ictinâb ettikleri halde sevk-i cehâletle katl, sirkat gibi fenalıkları mübah görürler.

Mazileriyle iftihar ederler. Kültler arasında on-on beş batınlık şeceresini bütün dal ve budağıyla bilenlere pek çok tesadüf edilir.

C) Aşiret reislerine karşı derece-i merbûtiyetleri, rüesâ ile efrâd arasındaki münâsebât:

Yukarıda arz edildiği üzere Kürtlerin geçirdikleri aşiret hayatı, her aşiret reisine bir derebeyi kudreti bahş etmiştir. Aşiret fertlerinin reislerine karşı olan merbutiyetleri cehaletlerinden ve reislerin zalimane muamelesiyle talan edilecek şeylerden istifade fikrinden ileri gelmektedir. Hükümetin kudret ve nüfuzu azaldıkça aşiret reislerinin nüfuzu artar. Meselâ:

Cenup aşiretleri, reislerine daha ziyade merbuttur. Çünkü oralarda hükümet nüfuzu nispeten daha azdır. Her aşiret reisi müstebit bir hükümdar gibi bu nüfuzun ihlal edilmemesi için elinden gelen her şeyi yapar. Memurin-i hükümetin münferit eşhasın müracaatlarını dinlememesi ve efradın her türlü işlerini reisleri vasıtasıyla halletmesi rüesa nüfuzunu takviye ve aşiret fertlerinde de reislerinin himâye ve tavassutu olmaksızın hükümet nezdinde hiçbir işlerinin yapılamayacağı kanaatini tevlid ediyor.

Meşrutiyetin ilk devirlerinde rüesa nüfuzu kısmen azalmış idi. Fakat memurin-i hükümetin, aşiret fertlerinin reislerine karşı hâsıl ettikleri bu şümul-ı ruhîdeki muhassenâtı fark edememesi ve birçok adamlarla uğraşmaktan ise, bir reis vasıtasıyla bir çok işleri görebilmekteki meşgale azlığı bu güzel fırsattan istifadeye mâni olmuş ve bundan istifade eden aşiret reisleri eski nüfuzlarını kısmen veya tamamen kazanmaya muvaffak olmuştur. Harb-i Umumi esnasındaki muhaceretler ve fevkalâde haller efradın gözünü oldukça açmıştır. Hâlen, rüesanın tahakküm ve zulmünden bizardırlar. Reislerinden ayrı yaşamaktaki zevki ve menfaati tatmış olanları en ufak bir fırsatta ayrılmaya hazırdırlar. Hükümet memurları tarafından kendi reislerine fazla hürmet ve teveccüh gösterildiğini gören aşiret fertleri reisin emrine isteyerek veya istemeyerek boyun eğer. Kanun nazarındaki müsavatı bizzat görecek ve hissedecek olan ferdin, nefsine ağır gelen bu mahkûmiyetten kurtulmaya çalışacağı aşikârdır. Rüesa yeniliklere ve terakkiyâta düşmandırlar. Çükü, yeniliğin kudret-i şenî'alarını yıkacağını bilirler. Efrat, rüesa ile hayat-ı hususiyetlerinde serbest ve laubalidirler. Beraber yerler. Bazen reisin üst tarafında bile otururlar. Yapılacak işleri birlikte istişare ederler. Davalar, rüesa vasıtasıyla halledilir. Bunda hem sür'at ve hem de arzularına göre suret-i hall mevcuttur. Neticede yine rüesaya hisse çıkar, efrat ezilir. Ekseriyetle rüesa her sene "Reco"ya çıkarlar. "Reco" aşiret efradının reisine verdiği vergidir. Köy köy dolaşırlar. Rüesanın bir hediye (olarak) tefsir ettikleri bu

"Reco" cebrî bir soygunculuktur. Tüm aşiret fertleri "Reco"-dan bezgindir. Aşiretler halkının bu bezginliğinden istifade ederek rüesanın gayr-i meşru nüfuzunu kırmaya ve esaslı bir idare mekanizması tesisine muvaffak olunabilir. Fertler ile reisler arasındaki gayr-i tabii ve istibdada müstenit merbutiyeti kırmak, bunun yerine hürriyet, müsavat ve adâlet esasları dairelerinde memleket ve hükümete yararlı bir rabıta vücuda getirmek nazar-ı dikkate alınacak en mühim bir keyfiyettir. Kürdistan'da takip olunacak dahilî siyasette rüesayı lüzumsuz himâye etmeyerek aşiret fertleriyle bilâ-vasıta temasa ve resmî müracaatlarda reisin tavassutunu kabul etmemek mühimdir. Bu suretle kendisini reisin zulmünden kurtaran, ona hayat ve saadet veren bir hükümet ve idareye karşı teveccüh ve mutavaatları(nın) (itaatlarının) artacağı bedihîdir.

Yalnız hulûl siyasetinde kullanılacak unsurların iyi seçilmiş olması lâzımdır. Ayrı bir lisan konuşan Türk'ten gayrı bir şey olduğunu zanneden bir kitleye karşı intihap edilecek şekl-i idare onların seviye-i ictimaiyeleri, kabiliyet-i şahsiyeleri ile mütenasip olmalı. Takip ve tatbik olunacak siyaseti tamamen temin etmek üzere tedricen ıslah edilmelidir. Kürtler taltif ve tehditten ayrı derecede müteessir olan bir milettir. Ancak tehdit taltiften ziyade faydalı ve müessirdir. Bunları hükümete ısındırmak için ruhlarını ne kadar kazanmak lâzım ise, icabında pek şedit surette tecziye edileceklerini de bilmeli ve hatta buna dair misaller gözü önünde olmalıdır. Çocukların Türk mekteplerinde okutturulması ve Türkçe lisanının öğretilmesi her şeyden ziyade nazar-ı dikkate alınacak bir meseledir. Bu suretle aradaki lisan ve his ayrılığının izalesi taht-ı temine alınır. Muvakkat tedbirlerle Kültleri hükümete rabt etmeye çalışmak, işi pamuk ipliğine bağlamak olur ki, bu sürede esas itibariyle devamlı hiç bir fayda temin etmeyeceği tabiîdir.

D) Aşiret teşkilatının lağvı ne gibi mahzurları tevlit eder:

1. Bir kısım aşiretlerin -İran ve Rus hududuna yakın- İran dahilindeki aşiretlerle münasebet ve akrabalıkları olanların buralara hicret etmesi.

2. Cenup mıntıkasındaki aşiretlerin İngiliz nüfuzu altına girmeleri (Şeyh Mahmut ve Seyyit Taha meseleleri de bu maddeyi takviye eder.)

3. Aşiret rüesasının nüfuz ve menfaatları ihlal edileceği için, bunların Kürtlük veya muhalif cereyanlara âlet olmaları askerden, nizam ve intizamdan tevahhuş eden halk kitlesi üzerinde rüesanın bu hususta yapacakları propaganda fevkalâde müessir olur.

4. Hiçbir ehemmiyetli vak'a hadis olmasa ve muvakkat olsa bile aşiretlerin adem-i memnuniyet (memnuniyetsizlik) hissi beslemelerini ve aşiret fertlerinin askere alınmasında ve şevkinde muvaffak olunsa bile firarları halinde derdest edilemedikleri takdirde nüfuz-ı hükümetin kırılmasını ve ordudaki zabt u rabtın ihlal edilmesini mucip olur.

Yukarıda arz edildiği veçhile aşiretler askere almadan tamamen nefret duymakta ve rüesa ise tamamen muhaliftirler. Jandarma ve nizamiye kuvveti, mezkûr mıntıkalarda halihazır vaziyet ve kuvvetinde kaldıkça, şekl-i idarede bir değişiklik olmadıkça aşiretlerin askere almaya tâbi tutulmaları fayda temin etmediği gibi, belki zarar da tevlit eder.

93 Harbi, Harb-i Umumi, son Ermeni harekâtında aşiretlerden lâyıkıyla istifade temin edil(e)mediği gibi ancak bazı aşiretlerin en ziyade yağma maksadıyla harekâta iştirak ettikleri sabittir. Muntazam muharebede hiçbir şey yapamazlar. Düşman ric'at ederse, talan için takip ederler. Sıkı muharebe günleri ile talan günleri aşiretin firar günleridir. En ehemmiyetsiz bir şeyi tâ köylerine kadar götürürler. Mevcutları hiçbir gün için muayyen olmaz. Top, makineli ateşinden çok yılarlar. Yakından muharebede sebat ve mukavemet gösteremezler. Müstakillen bir muharebe yapamazlar. Bilhassa harp ve cidâlin bir mahiyet-i fenniye, riyâziye kesb ettiği şu devirde diğer hususi teşkilatla vücuda gelen milis ve gönüllü kıtaları gibi, bunlar da iyi bir iş göremezler. Böyle bir hususi mahiyet ve teşkilatta kaldıkça nizamnamenin tadili veya her ne suretle olursa olsun bunlardan matlup istifadeyi temin de katiyyen

mümkün olamaz. Binaenaleyh hazar ve seferde vücutlarından bihakkın istifade imkânı olmayan ve tabir-i umumisiyle yalnız kâğıt üzerinde kalan aşiret teşkilatını lağvetmek ve bunları hükümet ve orduya tâbi kılmak pek makul ve muvafık bir hareket olursa da halen ehemmiyeti takdir edilemeyen ve fakat zaman-ı icrasında kesb-i ehemmiyet etmesi muhtemel görülen mahzurlardan dolayı aşiretleri medeniyete yaklaştırmak, hükümete, askerliğe tedricen ısındırmak ve bunu temin için yeni bir usul ve tarz-ı idareye rabt etmek ve bu suretle mutavassıt bir sistem kabul eylemek, bugün için muvafık bir hareket olur. Bunun için aşiret nizamnamesini gelecekte arz edildiği veçhile ve selim hal tatbik etmek; ve en cenub mıntıkasında ve hatta Musul, Revandiz, Kerkük, Süleymaniye havalisinde ve ne teşkilâta ve ne de askere almaya tâbi olmayan aşiretleri de teşkilâta rabt etmek ve bu temas sayesinde hükümet ve memlekete ısındırmak ve münasip bir gelecekte cümlesini kâide-i tedricî ve tekâmüle tebaan mükellefiyet-i askeriyeye dâhil etmek münasip olur.

E) Aşiretleri mükellefiyet-i askeriyeye yaklaştırmak için nizamnamede yapılması lâzım gelen tadilat ve tatbiki için icap eden hususat:

1. Teşkilât-ı hâzırayı bozmayarak genişletmek ve ciddi bir surette esaslandırmak, gerek rüesanın nüfuzunu aşiret fertleri vasıtasıyla kırmak ve gerek teşkilâtı gelecekte büsbütün lağvedebilecek amilleri hazırlamak üzere aynı işaret dahilinde mümkün olduğu kadar müstakil bölük mevcudunu çoğaltmak, alayları, doğruca fırka veya livâlar emrinde bulunacak bölüklere -yine aşiret fertlerinin arzularıyla- tefrik suretiyle parçalamak muvafık olur.

2. Nizamname mucibince zabitan kadrosunun ikmali.

3. Aşiret zabitanını yakınlarındaki nizamiye kıtalarında, hassaten fırka merkezinde bulundurulacak nizamiye, süvari ve piyade alaylarında her sene staja sevk etmek ve matlup şeraiti haiz olmayanları ihraç etmek.

4. Esasen aşiret alayları süvari olacak ise de hâlen nizamnamesi mucibince hiçbir aşiret süvari çıkaramayacağından ayrı ayrı olmak üzere bazı alay ve müstakil bölüklerin süvari ve bazılarının da piyade olarak kabul edilmesi de zarurî olacaktır.

5. Madde 71'de fırka merkezlerinde nizamiye kıtalarına merbut (bağlı) küçük zabitan talimgâhının tesisi ve aşiretlerin bir ay talim, senenin muayyen aylarında silahaltına gelmeleri hakkında madde 84'ün tatbiki. İklim itibarıyla mevsim-i hasat gözetilmek ve münavebeye riayet edilmek şartıyla senede en az 3-6 ay müddetle içtima ve talim ve terbiye ettirmek.

6. Bu içtimalara icabet etmeyenlerle, firarilerden zabitan(ın) derhal teşkilattan ihraçları ve fertlerin (efradın) mıntıka haricinde ve uzak mevkilerdeki kıtalardan zecren ve müteferrik surette istihdamları.

7. İlk esnân-ı askeriyeye dahil olan aşiret fertlerinin dokuz ay müddetle mücavir nizamiye kıtalarında hizmet-i askeriyeye tâbi tutulması.

8. Nizamiyeden tayin edilecek alay ve bölük kumandanları alay ve bölük merkezlerinde nizamiyeden münasip kuvvetlerle beraber bulunmalıdırlar. Bu sürede hem rüesanın nüfuzu kırılmış ve hem de askerlik için teşvik, özendirme ve verilecek talimatlarla aşiretler arasında kuvvetli propaganda merkezleri tesis edilmiş olur. Bu merkezlerde mektepler tesisi ve bu mekteplerin söz konusu zabitlerin nezareti altına katma faydalar temin eder.

9. Bu suretle tedricen aşiret fertleri askerliğe ve hükümete ısındırıldıktan sonra –bâlâda arz olunduğu vechile- bütün aşiretlerin zaman-ı münasibinde asker alımına tâbi olduklarının ilanı muvafık olur.

10. Aşiret fırka kumandanlarının -hatta alay kumandanlarının- aynı zamanda mahallin en büyük hükümet memuru vazifesi(ni) de -tam yetkiyle- ifa etmesi. Yani mülkî, askerî, adlî idarenin tedricen hâl-i tabiîye irca edilmek üzere bu şekl-i münâsibde şimdilik birleştirilmesi; idarenin tanzimi,

aşiretlerin mükellefiyet-i askeriyeye takribi ve Kürdistan'ın ıslahı için en mühim amildir. Her suretle hususiyete malik olan mezkûr mıntıkalar için psikolojik durum ve hayâl-i ictimâiyeye muvafık bir tarzda hükümet ve idare mekanizmasının gayenin istihsaline kadar bir elden, bilhassa asker elinden idaresi azami fevâid temin eder. Bugünkü mülkiye ve adliye teşkilatı Kürdistan için faydasız bir masraf kadrosudur.

11. Aşiretlerin on yaşına kadar olan çocuklarını büyük kasabalarda okutmak, şerirleri tecziye (etmek), münasip mahallere uzaklaştırmak, büyüklerine de iş bulmak alelumûm aşiret ve Kürtler hakkında tatbik edilecek en iyi usullerdendir. Büyüklere iş bulmak için bilhassa Ziraat Bankaları tesisiyle makinalı ziraata bunları ısındırmak, toprağa bağlamak ve toprağı sürdürmek, demiryolu şoseleri inşa etmek pek münasiptir. Bu suretle göçebelik ve vahşetlikleri zâil ve her türlü ıslahat da mümkün ve faydalı olur.

Mütalaat-ı Umûmiye:

1. Madem ki aşiret teşkilatını lağvetmek bugün için mümkün olamıyor, o halde teşkilatı esaslandırmak ve bu teşkilatta maksada doğru giden izler üzerinde yürümek zaruri olur. Aşiret kıtaları(nın) karargahları(ndaki) zabitanı, her cihetle nisbî bir mahrumiyet içinde bulunacaklardır. Bunların maaşlarını diğer zabitandan fazla vermek ve muayyen müddetlerde tebdilleri(ni) nazar-ı dikkatte tutmak, hem zabitanın münasiplerini göndermeyi ve hem de vücutlarından azamî istifadeyi temin eder. Teşkilatta ve bu muhitte çalışabilecek malumatlı, hevesli memur bulmak icap eder. Teşkilat-ı mülkiye ibkâ ve idame edilirse zabitan misillü memurin hükümette aynı suretle intihap ve idare edilmelidir.

2. Aşiretlerin tarîk-i temeddüne sevklerini dâire-i imkânda tutmak, hükümet(in) maksadının daima istihsaline çalışmak için fırkalarda propaganda şubeleri açılması, ticaret ve ziraat yolları(nın) gösterilmesi, hassaten jandarma kuvvet ve nüfuzunun i'lâsı hususları mühim esaslardır.

3. Kürdistan dahilinde ulaşım hatlarının ıslahı, aşiretlerin hükümet ve memlekete alâka peydâsı, arzu olunan gayeye erken yetişilmesi, köylülerin şehirlilerle temasa gelerek temeddün etmeleri (medenileşmeleri), ticaret ve iktisaden inkişafı bu mıntıkalara gidecek memurların maruz kaldıkları müşkülatın tahfifi gibi bir çok işlerin faydaları mucip olacağı tabiîdir.

4. Bununla beraber hükümetimiz hamdolsun şerefli bir sulh akdine muvaffak olmuş bulunduğuna binaen Musul meselesini de tamamen lehimize halle muvaffak olursa, aşiretler dahi en kuvvetli zamânımız (kefilimiz-garantimiz) olacağından ve hiçbir aşiret herhangi bir harekete teşebbüs cür'etini kendinde bulamayacağından ve müstakil Kürdistan teşkili de mevzubahis olamayacağından Kürdistan için makul bir şekl-i idâre tatbik, evsâf-ı lâzimeyi hâiz ve hassaten pek faal ve müstakim memurlar...

Türkiye Büyük Millet Meclisi Riyaseti
Kalem-i Mahsus Müdüriyeti
Adet

Ankara
24.5.1339 (1923)

Ankara'da Şark Cephesi Kumandanı Kazım Karabekir Paşa Hazretlerine

21.5.1339 (1923) tarihli tezkere-i aliyeleri cevabıdır.

Miralay Süleyman Sabri Bey'e ait davaların Ankara'ya nakli lüzumu İcra Vekilleri Heyeti Riyasetine tebliğ edilmiştir efendim.

Baş Kumandan
Gazi M. Kemal

Şark Cephesi Kumandanlığı Vekâletine

Süleyman Sabri Bey'e ait dâvanın ref'i, olmadığı takdirde Ankara'ya naklini ehemmiyetle Başkumandanlığa yazmıştım. Mezkûr davanın Ankara'ya nakli lüzumu(nun) İcra Vekilleri Heyeti Riyasetine tebliğ edildiği Başkumandanlığın 24.5.1339 (23) tarih ve 493 numaralı yazılı emirlerinden anlaşılmıştır efendim.

21/5639

Başkumandanlık Huzûr-ı Sâmîsine (Yüksek huzurlarına)

Âdil icraatıyla kendisini Kürdistan mıntıkasında tanıtan Miralay Süleyman Sabri Bey ile nasıl gizli maksatlarla kendisi aleyhinde tertip edilen davası hakkında

26.4.1339 (23) tarihli tahrirat ile mufassal malûmat arz edilmişti. Makam-ı sâmîlerinden havale buyurulan ve bir sureti bendenize de gelen 13.5.1339 (23) tarihli şifresinde ise Adliye Vekâleti tarafından mümâileyhin tevkif edilip edilmediği Karaköse Adliyesinden sorulduğu bildirilmektedir. Çok şayan-ı dikkat olan bu mesele aynı zamanda, îkâ-i habâset için memleketin nezih afakını ifsada uğraşıp muhtelif şekil ve suretlerle tecelli eden kin ve muhâceme rüzgârlarının idare makinesinin merkezinden de -velev ki bilmeyerek olsun- soluk olmasından dolayı şâyân-ı endişedir de. Aldığı emri yaptığından ve icrâat-ı âdilânesinden dolayı takdir ve tahsîn edilen Süleyman Sabri Bey'in aynı meseleden dolayı kendisine teşekkür eden Hükümet tarafından itham edilmiş olarak mahkemeye çağırılması gülünç olduğu kadar, memleketin atisi içinde pek elim intibaât bırakacak mahiyettedir. Zatî olduğundan kat kat fazla şeref ve haysiyet, hükümetle şiddetle alâkadar olan bu meselenin mutlak ve muhakkak ref' edilerek hem hükümetin hem askerliğin, hem de şahsın hukuk ve haysiyetinin kurtarılmasına ve eğer davanın rü'yetine devam olunması çaresizliği mevzû-i bahs ise şeref-i hükümet ve zâtisi namına davetine icâbet edemeyeceğini mümâileyhin bildirdiği mahkemeden davanın Ankara'ya nakline emir ve müsâade-i fahîmanelerini istirhâm ederim.

Kazım Karabekir

Dilekçenin yanına şu not ilave edilmiştir:

Te'kîden arz ederim ki takip olunan maksat, ordunun ve Hükümetin nüfuzunu kırmaktır. Bunun Şark'ta ve bilhassa Kürdistan'da husul bulması maazallah telâfisi gayr-i mümkün vak'aların hudûsunu intâc edecektir.

Düşmanlarımızın bu neticeyi görmek için ne fedakârlıklar yaptığı müstağni-i izahtır.

Türkiye Büyük Millet Meclisi Riyaseti Kalem-i Mahsus Müdüriyeti

Sarıkamış
13.5.1339 (1923)

Başkumandanlığa

C 25.4.1339 (1923) Şifreye.

1. Birinci Aşiret Süvari Fırkası Kumandanı Miralay Süleyman Sabri Bey öteden beri Kürtlük cereyanını durdurmaya ve mütavakkıb-ı fark-ı (4.T Z E Y H E) hutûtuyla yerinde sâî olanların arzularına set çekmeye çalışan bir kumandanın şu sırada intihabat propagandasına hız vermek ve Kürt Mebusu çıkarmakta ısrarlı bulunan Bayezit Livası dahilindeki bazı eşhasın mumaileyhin mıntıkasından intihabatta tamamen tarafsızlığına rağmen arzularına tevâfuk edecek mevki-i kabul bul(a) madıklarında şahsını lekelemek ve nüfuzunu kırdıktan sonra maksatlarına nail olmak istediklerini öğreniyorum. Hatta dava hukûk-ı umumiye canibinden ikame edilmekle beraber mumaileyhin şahsı hakkında o kadar ileri gidilmiştir ki, Adliye Vekâletinden Karaköse mahkemesine tevkif edilip edilmediği

dahi sorulmuştur. Bu işlerde Ankara'da bulunan Kör Hüseyin Paşa'nın ve Bayezit Mebusu Şevket Bey gibi diğer muhâlif mebusların alâkadar olduğunu tahmin etmekteyim. Bu nokta-i nazardan ve iki sene evvel aldığı emri yapan bir kumandanın mahalli adliyesinin davetine icabeti, siyaset-i hükümet ve idare-i askeriye ve asayiş-i mahalliye itibarında katiyen muvafık olamayacağı takdir buyurulduğuna mahkemenin davetine ne tarzda cevap verilmesi icap ediyorsa iradesi.

2. Başkumandanlığa cevaben, Kazım Karabekir Paşa Hazretlerine bera-yı malûmat.

Şark Cephesi Kumandan Vekili

Ali Saîd

Açtım/14

Lütfü

Kazım Karabekir Paşa Hazretlerine

20.5.1339 (1923)

Ankara

26/41'de yazıla

Baş K.

Değil cinayetleri, adî bir vakayı bile Kürdistan mıntıkasında hall ü fasl etmek değil aylarca, hatta senelerce sürüklendire sürüklendire, bu yüzden birkaç şahsın, bir kaç köyün ve hatta bir kaç aşiretin birbirine girmesine, bir çok kanların dökülmesine hemen her daim sebep olan Adliye dairelerinin bu beceriksizliğine ve bu hastalığa göre icraat, ekseriyetle ya fukarâ-i halka veyahut namuskâr memurlara karşı tecelli eder. Hem de öyle icraat ki satvet-i hükümeti (Hükümet otoritesini) kökünden yıkar. Kürdistan denildiği zaman derebeylerinin hükümran olduğu bir mıntıkayı hatırlamamak kabil değildir. Şekavet, yağma, soygunculuk eksik olmadığı zamanlarda kaç memur kovulmuş ve jandarmaların silahı alınmıştır. Hükümet namına yegâne icraatımız olan adliyenin ve vasıta-i icraiyesi olan jandarmanın ihmal veya tecavüzü yüzünden ne kadar gaileler çıkmıştır. Ve daima asker sevki, asker ikamesi suretiyle sükûn ve asayiş iade edilmiş ve şeref-i hükümet kurtarılmıştır. Bu vekâyi öyle bir hal almıştır ki Kürdistan halkı, hükümet deyince askerin icraatını ve askerin adl ü hakkaniyetini intizar eder ve en ufak işleri için dahi onlara müracaat eder ve saburane neticesini bekler.

İstiklâl mücadelesinin devamı esnasında ciddi alâkadarlıkları istilzam eden Kürdistan mıntıkasında birkaç adilane icraatıyla belki de memleketin aksam-ı sâiresinden daha şakin ve emin bir mıntıka haline girmesini temin için ordu aşiretler arasında uzun müddet bulunmuş, iffet ve namusuyla ve halka kendisini sevdirmesiyle gayet iyi tanınmış kıymetli bir kumandanı başında olmak üzere Yedinci İhtiyat Süvari Fırkası teşkilatı bu mıntıkada yerleşmiş ve asayişi lâzımı gibi muhafaza eylemişti. 1337 (1921) senesi Eylül'ünde bu Fırka mıntıkasında bir şekavetten ziyade, iki kişi veya aşiretin birbirlerini Hükümet nazarında düşürmek ve te'dîbâta sebebiyet vermek gibi intikamcı teşebbüsâttan neş'et ettiği kuvvetle zan ve tahmin olunan, ihlâl-i asayiş başlangıcı olarak bir soygun vakası oldu. Bu mıntıkalarda hükûmet-i mahalliyeler esasen aciz mevkiinde bulunduğundan hükümetin de malûmatı altında Miralay Süleyman Sabri Bey bu vakayı gasp edilmiş eşya ve paraya mukâbil İhtiyat Fırkaları teşkilâtına dahil bulunan alâkadar ve mücavir aşiretlerden ve kendilerinin hüsn-i rızasıyla para toplayarak, soyulan biçare iki memura vermiş ve kast edildiği şüphe edilen karışıklığa meydan vermemek suretiyle adilane halletmişti. Dahiliye Vekâleti bundan dolayı kendisine beyân-ı takdîrât eylemişti.

Zât-ı sâmîlerine arz edilip bir sureti de bendenize gelen Şark Cephesi K. Vekâletinin 24.4.1339 (1923) tarihli şifresinde Süleyman Sabri Bey'in bu meseleden dolayı mahkemeye çağırıldığı ve bu celp teşebbüsünün kişinin korunması kanununun bazı sefil maksatlara âlet edilmesinden ileri geldiği(nin) tahmin edildiği bildirilmektedir. Şahsî bir takım teşebbüsat olması da muhtemel olan bu teşebbüsün Şark ve Garb'da ve hatta merkezde bir takım örtülü nam ve şekillerde kendisini gösteren düşman entrikalarının ve onlara bilerek ve bilmeyerek vasıta olan fesat aletlerinin vahdet-i milliyesini temin ve temsil eden yegâne kuvvetimiz Ordudan ve onun mensubînine karşı tevcih edilen bir suikastı olduğuna kaniyim. Kürdistan'da ekseriyeti yerli ve vaziyet-i siyasiyemizi kavrayabilecek tahsilden mahrum bir kısım memurinin herhangi bir taraftan iğfal edilmeleri ve bu gafil teşebbüsler önlenmeyerek icraat ve teşebbüsatta serbest kalmaları düşman parmaklarının dolaştığı bu mıntıkalarda pek elim ve tahripkâr neticeler tevlid edebilir.

Binâenaleyh müteaddit teşekkür ve takdir telgrafnameleri alan Süleyman Sabri Bey'in aynı meseleden dolayı aynı hükümet yöneticileri zamanında mahkemeye çağırılması ve mumaileyhin de icabet eylemesi ne hükümetin şerefiyle, ne askerlik şerefiyle ve ne de zatî şerefle kabil-i teliftir.

Mumaileyhten aldığım mektupta dahi uğruna hayatını vakfettiği hükümetin şerefi namına bir türlü icabet ve kabul edemeyeceği bu meseleden dolayı hayat-ı askeriye ve şahsiyesinin karanlıklara atılmasına meydan verilmemesini istirham etmektedir.

Seri teşebbüs-i fahîmânelerini bilhassa istirham eylerim efendim.

Ş. K.(Şark Kumandanı)
Kazım Karabekir

Vasıta-i tatmin olacak bir silah-ı taarruz şekline istihale eden Süleyman Sabri Bey'e isnat olunan fiil temin-i asayiş ve idâme-i hakimiyet fikrinden doğmuştur. Böyle bir mesele maznunda muhakemeye yollanması son derece fena tesirler tevlîd edeceğinden icabının irade-i cevabiyesin intizar eylerim.

Baş Kumandanlığa ve Müdafaa-i Milliye Vekâletine ve bera-yı malûmat Kazım Karabekir Paşa Hazretlerine arz edilmiştir.

3/188 numaralıdır.

Şark Cephesi K. Vekili

Ali Said

Ankara'da Şark Cephesi K. Kazım Karabekir Paşa Hazretlerine

Sarıkamış

24.4.1339 (23)

1337 (1921) senesi Eylülünde Tutak'la Patnos arasında Van Telgraf Müdürü Vekili Fethi Bey ile refiki İnebolulu Ahmed Efendi soyulmuştu. Gâsıbların hüviyeti meçhul olduğu(ndan) ve o tarihlerde mıntıkanın asayişi de tamamen fırkanın yed-i idaresine devredilmiş bulunduğundan, Fırka bu meselede vaziyete el koymuş ve iki bin liralık mağsubât, vak'anın tahaddüs ettiği (90 Y.R.T) mıntıkası rüesasından alınarak Fethi Bey'le refikine verilmiş ve meseleyi sulhen hallettiği cihetle Fırka kumandanına cepheden ve Dâhiliye Vekâletinden beyan-ı memnuniyet ve takdîratta bulunulmuştu. Hatta Bayezid, Karaköse, Erzurum mıntıkalarında şekavettin men'i hususunda Fırkanın gösterdiği hizmetler ve faaliyet de ayrıca şayan-ı takdir görülmüş ve

Fethi Bey'in soyulmasında maznun gösterilen [Y.D.T.L.] aşireti reisi Kör Hüseyin Paşa'nın oğlu Yüzbaşı Salih Efendi hakkındaki takibatın [L.U.M.S.Z.L.R.Y.] hakkındaki Adliye Vekâleti'nin nazar-ı dikkati celp edeceği de 6.4.1338 tarih ve 3117/174 numaralı şifresinde va'd buyurulmuştu. Buna 7.9.1338 tarih ve 731 numaralı şifrede mahzurları arz ve ta'dâd edilerek takibattan sarf-ı nazar edilmesi Müdafaa-i Milliye Vekâlet'inden istirham olunmasına rağmen 20.1.1339 tarih ve 5567 numaralı makam-ı müşarûnileyha'nın verdiği emirle

Salih Efendi'nin adliyeye tevdii emir buyurulmuştur. Bu defa da aşiret rüesasından hilâf-ı hakikat para tahsili maddesiyle Yedinci Süvari Fırkası Kumandanı Miralay Süleyman Sabri Bey aynı meseleden maznun olarak Mayıs'ın on beşinci günü Karaköse Mahkemesi'ne davet edilmektedir. Mıntıkası asayişini temine memur kumandanın vazifesini ve aldığı emri ifadan ibaret olan muameleden dolayı maznuniyeti ve mıntıkası dahilindeki mahkemeye gitmesi, başında bu kumandan bulundukça artık bu fırkanın mıntıka dâhilinde her dakika zuhuru muhtemel hadisatın önünü alacak tedbirler alınmasının ve bir iş görmek imkânı(nın) kalmayacağı pek tabiîdir. Bir kaç gün evvel Karaköse merkezinde Bayezid Mebusu Süleyman Sûdî Efendi ve refikasının ve Tutak nahiyesi Belediye Reisi cepheye çektikleri telgraflarda, Fırka kumandanının asayişin temini hususundaki faaliyet ve gayretleri lisan-ı sitayişle beyan-ı teşekkür edilmekte idi. Masuniyet-i Şahsiye Kanununun, Kavanin-i Harbiye ve Askeriye'ye haiz-i tesir bulunmadığı yolundaki emrin vürûdunu müteakip Müdâfaa-i Milliye Vekâleti'ne yazdığım 16.3.1339 tarih ve 1564 numaralı şifre, kumandanların bundan böyle mıntıkalarında Kavanin-i Harbiye ve Askeriyeyi tatbikte tereddüt göstereceklerini esbâb-ı mûcibesiyle arz etmiştim. İşte arz ettiğim bu meselede kanunun bazı sefil maksat takip edenlere verdiği kuvvetin tatbikinden başka bir şey değildir.[8]

Paşa Hazretleri,

Karaköse

25.3.1339

Mahiyet-i hakikiyesi saniyeye medar olacak en kıymetli dakikalarda zât-ı samileriyle müteaddit muharebâtta beraber

---

8 Bu raporlar içinde, altında Kazım Karabekir Paşa'nın imzası olmayanlar Paşa'ya ait olmayıp, kendisine gelen belgeler olarak mütalaa edilmelidir. Çünkü Paşa, kendi raporlarının altına muhakkak imzasını koyar ve daha önce geçen 776 numaralı raporda olduğu gibi, Paşa'nın o görüşleri yazması mümkün olmadığı gibi, o görüşler de kendi anlayışına taban tabana zıttır. (y.n)

bulunduğum için haksızca rencide edilen hissiyâtımı etraflı suretle anlatmakta müşkülat çekeceğimi tahmin ediyorum.

Zaman-ı devletlerinde Cephe makamı emriyle memur edildiğim ve emri tamamıyla tatbik ve mülâyim gördüğüm eşkâl hakkında yine Cephe'nin muvafakatini istihsal ile iyi bir surette neticelendirdiğim Cephe ve Hükümetin takdirini kazandığım Hasnanlıların takibi harekâtından Muş Mebusunun izah talebi üzerine hesap vermeye mecbur tutulduğum gibi, yine makam-ı samîlerinin tasvip ve tarafeynin muvafakatiyle ve bedeli verilmek suretiyle halledilen Van Posta Telgraf Müdürü Fethi Bey ve refiki Haydaranlı Reisi Hüseyin Paşa mahdumu Salih Bey meselesinden dolayı da Karaköse adliyesinden sürekli melfuf celbnâmeyi alıyorum.

Gerek mevkiinin şeref-i manevîsini ve gerekse haysiyet-i zâtiyemi tahrip eden ve hakikat-i mantıkıyyeden pek uzak görülen bu emr-i hükümete bittabi muvafakat etmiyorum. Ve ilk defa olarak yükselmesine tahsîs-i mevcudiyet ettiğim hükümetin emrini dinlememek zorunda kalıyorum.[9]

Meselenin bütün teferruatına vâkıf bulunan zât ve makam-ı sâmilerinin emrinin takip ve amâl-i memlekete muvafık bir şekl-i halle muvafık olan ve bugün yaptığı hüsn-i te'sirle şimdiye kadar görülmemiş bir asayişi bu havali mıntıkasının büyük bir kısmında vücuda getiren bir Fırka Kumandanlığı makamının bir jandarma neferi derekesinde ve hem de vazifesini yaptığından dolayı Mülkiye Mahkemesi'ne celbine tevessül edilmesi o mevcudun maddi-manevî memleket hissine, meslek itaatine, karşılıklı itimat fikrine bir çok fena tesirler yapacağı tabiîdir.

Yirmi dokuz senelik tarih-i hayatımda ilk kaydetmek mecburiyetinde kaldığım bu gayr-i makbul şeklin yine üst

---

9 **Önemli Not:** Bu raporlar içinde altında Kazım Karabekir Paşa'nın imzası olmayanlar Paşa'ya ait olmayıp kendisine gelen belgeler olarak mütalaa edilmelidir. Çünkü Paşa kendi raporlarının altına muhakkak imzasını koyar ve 776 numaralı raporda olduğu gibi Paşa'nın o görüşleri yazması mümkün olmadığı gibi o görüşler de kendi anlayışına taban tabana zıttır. (Derleyen)

makamlarca halledilmesini, bu da mümkün olmazsa, memuriyetimin tebdiliyle, maruz kalmak zaruretinde bulunduğum çirkinliklerin sirayetinden korunmamı nezih olan kalbinizden bekler ve takdîm-i hürmet eylerim efendim.

7. Fırka Kumandanı
Süleyman Sabri

Karaköse Ceza Mahkemesi

Celbnâme-i maznun

Esas 39/21

Karaköse'de Süvari Yedinci Fırka Kumandanı Miralay Süleyman Sabri Bey

Aşiret rüesâsından hilâf-ı salâhiyet para tahsili maddesinden dolayı, Hukûk-ı Umumiye cânibinden hakkınızda ikame edilmiş olan davanın 15 Mayıs 1339 tarih ve Salı günü saat 7'de icrası kararlaştırılmış olup, söz edilen günde ispat-ı vücut olunmadığı takdirde muhakemenin gıyaben rü'yet olunacağını görüleceğini bildirir celp müzekkeresidir.

12 Mart 1339
Mühür
Karaköse Kazası
Bidâyet Mahkemesi Riyâseti

Karaköse Ceza Mahkemesi

Celbnâme-i maznûn

Esas 39/21

Aşiret rüesasından hilâf-ı salâhiyet para tahsili maddesinden dolayı maznun sıfatıyla 15 Mayıs 1339 tarih Salı günü saat yedi raddelerinde Karaköse Bidâyet Ceza Mahkemesi'ne gelmek üzere celbnâme nüshasını aldım.

Maznun
Karaköse Süvari yedinci Fırka Kumandanı
Miralay Süleyman Sabri

Aslına mutabıktır

25 Mart 1339

M.Z.M. Yüzbaşı Vehbi

Efrad-ı aşâir

(Aşiret Fertleri)

Reisin ve Ağa'nın eseridir. Ağanın malumatı ve mütalaası lâhik olmadan bir iş tutamaz. Ticarette, Hükümetle muamelede, her işte ağaya danışır. Ticarette, Hükümette daima karşısında ağayı bulur. Mesela tekâlif-i milliyede (milli yükümlülüklerde) aşiret ağası köylere, üçer beşer köyü taksim ve deftere kaydettirir, bunları toplar, Hükümete teslim eder. Bu meyanda Hükümete topladığının birkaç misli de kendisine toplanmış olur. Meseleyi bu kadar hakla halletmiş olduğundan aşiret fertleri ağaya müteşekkir kalırlar. Çünkü ağa, fertlerin hayalinde müthiş bir Hükümet heyulası canlandırmıştır. Fertler, bu heyuladan ağaya sığınmıştır. Tüccar ile olan muamelesinde, meselâ aşiretin, bu sene doğan erkek koyunlarını kâmilen bir mecidiyeye toplar, köylere dağıtır, meccanen besletir. Fırsatı gelince tüccara beşer mecidiyeye satar. Efrat, ağadan başkasına satmak salâhiyetini haiz değildir. Köyler İran'da olduğu gibi ağanındır. Ağa darılırsa köyden çıkarır, kendi sırtıyla getirip ev yaptığı ağaçlarını da vermez. Ağa zengindir. Fertler fukaradır. Ağanın iyi beslediği sadık adamları ve akrabaları vardır. Diğer efradı bunlarla yahut bir hile uydurarak Hükümet vasıtasıyla te'dib eder.

Ağanın tahakkümüne katlanmak efrat için irsî bir adettir. Ağa büyük adamdır. Ceddi de büyüktür. Hanedanına hürmet lâzımdır. Kendi nefsini hakir görür. Ağa, insanların kendisine böyle körü körüne itaatini temin etmiş olduğundan, artık her nevi nefis arzusu uğrunda hayatları pahasına da olsa bu efrat arasındaki muâzahatı ağa halleder. İki taraf da ister istemez bu hükme razı olur.

Aşiretlerin biri birine münasebâtı birbirinin iyiliğini isteyen bir münasebet değildir. Nasıl olabilir ki, umumiyetle hissi

Kürtlerde aile bile menfaat hislerinden sonra gelir. Yerine reis olmak için kardeş kardeşe kurşun atar. Onun sukûtuna çalışır. Muş'ta bazı aşiretlerde üste bir şey alınmak şartıyla kadınlar mübadele edilir. Biraderler, amcazadeler, hemen kamilen birbirlerine düşmandır. Aşiret reisleri, biri diğerini çekemez. Birisinin hükümet tarafından fazla itibar ve mevkie mazhar edilmesi diğerlerini gücendirir. Reisler hemen kamilen birbirine düşmandır.

İyi At Yetiştirmesi

Ata bakmasını bilmezler. Hayvana bir buçuk iki yaşında iken binerler. Silah kıymetlidir. Biri diğerine tecavüz etmemek hissi mevcut olmadığından herkes kuvvetli olmaya yahut büsbütün zayıf ve fukara görünmeye mecburdur. Köyden şehre gelirken kendisine güvenemezler. Kimsenin tamah nazarını celp etmeyecek derecede fakirane giyinirler.

Maişet

Kürtler umumiyetle pek fakirdirler. Yalnız koyun beslemek, onu da ucuz fiyatla satmakla ellerine pek bir şey geçmez. Ağalar için çalışmaları da kendilerini fakir bırakır. Yemeye, içmeye dikkat etmek lüzumu hissetmezler. Darı, çavdar, arpa ekmeği, ayran yahut cacık denilen ve ince yabani otlar karıştırılan peynirle geçinirler. Evleri yarım zeminlik tarzında, pencereleri damın ortasında, muhtelif bölmeleri ekseriyetle bir tek gözden ibaret karanlık yerlerdir. Bunun bir tarafında kendileri, bir tarafında danalar yahut kuzular kalır. Diğer gözde de inekler yahut koyunlar bulunur. Yazın pire ve haşerattan bu yerlerde barınamadıklarından ekseriyetle köyün civarına çadıra çıkarlar. Ağaların evleri fevkani (iki katlı) ve oda halindedir. Ekseriyetle bu odalar misafirler içindir. Ev halkının hali avamınkinden biraz farklıcadır. Kadınların işi ağırdır. Hayvanlara bakmak, mahsulünü almak, tezek yapmak, güven (keven) toplamak hatta ekin, çayır biçmek, harman döğmek ev işlerine dâhildir. Çorap, tozluk, bel bağı, gübre ve toprak atmak için sepet örerler ki umumiyetle kabadır. Kadınlarda tesettür yoktur. Çarşaf kullanmazlar. Üç etek entari ve bir kaçını birbirinin üzerine giyer, başlarına altınlı fes kor, burunlarının yan tarafında açılmış bir deliğe "hızma" denilen gümüşten kabartmalı, boncuklu bir şey takarlar.

İri ve uzun küpeler, camdan ve madenden müteaddit bilezikler kullanırlar. Çarşıya, umumi mahallere, işe giderlerken yaşmaklanırlar. Erkeklerin meclisinde bulunmazlar. Fakat düğünlerde kadın, erkek karışık oynarlar. Evlerine gelen kim olursa olsun, kadın erkek birlikte oturur ve konuşurlar. Kadınlar erkeklerle birlikte yemek yemezler. Erkek hizmetçileri kadınlarla beraber oturabilir, onlar mahrem sayılır. Ağanın en az üç karısı bulunur. Çocuklar aşık, top, değnek, kışın buz üstünde fırıldak çevirmek gibi oyunlar yaparlar.

Göç Eden Kürtler

Gittikleri mıntıkalarda gördükleri tarz-ı maişet, usul-i idare, serbesti-i harekât, insanın hukuku hakkında az çok bir intiba hâsıl etmiş olduklarından ağalara eskisi gibi bağlılıkları yok ise de, bunlardan kurtulmak için teşebbüsatta bulunacak halde değildirler. Bir kısmı kendi aşireti mıntıkasından ayrılarak başka mıntıkalarda ikamet etmek suretiyle hareket serbestliği kazanmaya çalışıyorlar. Askerlik korkusu olmasa aşiret teşkilâtına da dâhil olmazlar.

Ek

Van Gölü'nün cenup silsilesinde pek zengin altın, demir, kurşun; Hakkâri'de zırnık, demir, kurşun; Erciş'de tebeşir vardır.

Telgrafname

posta 136 Siverek

Ankara Terakkiperver Cumhuriyet Fırkası Reisi Muhterem Kazım Karabekir Paşa Hazretlerine

Asilerin harekât-ı irticâiyesine karşı Fırkamızın Hükûmet-i metbûamıza keyfiyet-i muzâhereti hakkında emr-i fahîmâneleri Kâtib Fethi Bey tarafından tebliğ buyuruldu. Bu emri kemâl-i ibtihac ve hararetli bir vaziyetle alkışlayarak istikbal ettik. Fırka'ya samimi intisabımızın vukuu dolayısıyla bu kabil evâmiri bütün mevcudiyetimizle ifaya âmâde bulunduğumuzu kemâl-i hasretle arz eyleriz efendim.

Hey'et-i idâre namına
Şube Kâtibi Vekili
Rüşdü

K 7 Raporu
Aşiretler

Dilhor Kirmanşah Cephesinde		Payak Süleymaniye Musul		Kırmane Van, Bitlis, Genç, Muş, Bayezid
Meylli	yağmacı	Zeylli		
Hasnanlı	nisbeten	Haydaranlı	fena	
Ciranlı	yağmacı	Badili	mutî	
Zerkanlı	mutî	Zilanlı	sakin	
Kıskanlı	mutî	Birdinganlı		
Camadanlı	mutî	Celali	fena	
Eramanlı	mutî			

K 8 Raporu
Fırka mıntıkasında üç aşiret var

Zeylan	Şikâl	Hemuş
Haydaranlı	Merkori	Keradi
İdamanlı	Takavi	Şirfan
Livili	Mîlan	Güran
	Merziki	Mahmuran
	Şivili	Jirki
	Celâl	Ezdiran
		Halilan
		Havşinan
		Alan

Ş.C.K. Kazım Karabekir Paşa Hazretlerine Harp Telgrafıdır

Sarıkamış

27.11.1338

C 13.11.1338.v 562 Şifreye

1. Muş Sancağında Varto'da te'dîbâta me'mûr edilen Y 72 T 1 26.11.1338'de Kars'tan trenle Hasankale'ye hareket etmiştir. Hasankale'den sonra karadan Varto'ya gidecektir.

2. Hareket kuvvesi 18 zabit, 215 nefer, 33 hayvan, 4 makineli tüfektir.

3. Taburun teahhürü (gecikmesi) demiryolunun kar fırtınasıyla bir müddet kapanmasından ileri gelmiştir.

Ş.C.K. Vekili

Ali Said

Ş.C.K.

Sarıkamış

10.12.1338 tarihi 11.12.1338 Vürûdu

8.12.1338 ve 1459 şifreye zeyldir.

1. Varto Vakası hakkında Muş Mutasarrıflığından alınan en son malumat aynen ikinci maddededir. Bundan meselenin halledilmekte olduğu, belki de kuvve-i cebriye ve askeriye istimaline lüzum kalmayacağı anlaşılmakta ve taburun neticeye intizâren Hasankale'de kalmasına Muş Mutasarrıflığınca muvafakat edilmektedir.

2. Evvelki şifremde de arz edildiği veçhile askerin geleceğinden ürken eşkıya peyderpey iltica eylemektedir. Hükümetin kuvve-i kâhiresi gösterilmek ve fakat onu fiilen istimâlden ziyade heybetliliğinden bilistifade vaka amillerini dehalete mecbur eylemek ve dehalet edenleri cihet-i adliyeye teslim etmek suretiyle şeref-i hükümet dairesinde hall-i mes'eleye çalışmak: E.M.Z.R.: Askeri fiilen istimalden ziyade, ma'nen istifade etmek ukde-i esasından olup, bunun (E47 E.B.YDdir.

Tecarib-i adîdemle sabit bulunduğundan inşallah istimaline muvaffakiyetle şu mevsimde fazla zahmet ihtiyarına lüzum kalmayacaktır. Ancak bunu şimdiden katiyetle kestirmek mümkün olamayacağı derkâr ve daha bir kaç gün intizar zaruri bulunmakta arz-ı sabık veçhile taburun hitam-ı istihbaratıyla, hareketinden iki gün evvel malumat i'tâsını rica ederim.

Ş.C.K. Vekili

Ali Said

DERSİM İSYANI İLE İLGİLİ
İSTATİSTİKİ BİLGİLER

Garbî Dersim Rüesasından

İdâre İbrahim

1324 senesi icra kılınan te'dibâtda Hükûmet-i Osmaniye aleyhine istimal-i silah eylemiş, zabitan ve birçok efradın maktul düşmesine sebep olmuş ve bilahare vaatle getirilerek Diyarbakır mahpushanesine izam kılınmış ve iki seneyi mütecaviz mahpusta kaldıktan sonra firar ederek Dersim'e gelmiş ve o andan halihazıra kadar daima edepsizlikle, daima hıyanetle vakit geçirmiştir. Erzincan'ın düşmesi üzerine yüze yakın Ermeni kafilesini önüne katarak Erzincan'daki Ruslara dehalet etmiş ve Kürtlerin muhtariyeti hakkında Rusya Çar'ına telgraf çekenler meyanında bulunmuştur. Moskova'dan Osmanlılar aleyhine kullanılmak üzere otuzu mütecaviz mavzer tüfeği ve elli sandığa yakın cephane almış ve getirmiştir. Söz konusu şahsın Ruslara yaptığı bu vaat üzerine gayretle beraber Eğin köylerine ve Çemişkezek Kasabasına taarruz etmişler ise de Çemişkezek'teki askerin mukavemeti üzerine kasabaya girememişlerdir.

1333 senesi başlarında Garbî Dersim'de yapılan teşkilatta Koç Uşağının suçu affedildiği halde kendisine para verilmediği ve riayet edilmediği bahanesiyle kendi aşireti, Şam, Maksûd, Bizgâr uşakları ile Eğin ve Çemişkezek köylerine taarruz ve yağma etmişlerdir. Ba'dehû İdâre'ye ve yandaşlarına bilmecburiye yetmiş lira verilerek teşkilata ithal edildiği ve kendisine Alay Kumandanı rütbesi verildiği halde bile bir taraftan hükümeti, diğer taraftan Ermenileri soymaktan ve hıyanetten vazgeçmemiş, Doktor David'i Maksûd Uşağı rüesasından Kum

Yusuf'un torunu Mustafa Ağa'nın yanında ve emri altında bir ay bulundurmuş ve bir çok para alarak Erzincan'a firar ettirmiştir. Kendisi 18 Ağustos 1333 tarihinde yapılan keşif taarruzunu düşmana bildirdiğinden şüphe edildiği gibi Ermenileri ve her vakit şakileri muhafaza etmiş ve bugün Nalbant Nasuhi namındaki casuslukla maznun bir Ermeni'yi dahi himaye etmekte bulunmuştur. Merkumun Hükümete bağlılık ve sadakati daima lafzî ve binaenaleyh acımaksızın katli farz olan Garbî Dersim'in en hain ve en ruhsuz, şahsiyetsiz bir şakisidir.

Koç Uşağı Aşireti
Rüesasından Seyithan

Bu adam İdare'nin mahpushaneden firarından bu zamana kadar en şayan-ı itimat bir adamı ve her ef'âlde ortağıdır. Binâenaleyh yukarıdaki açıklamalar ile aynıdır.

Maksûd Uşağı Aşireti
Rüesasından Kuru Yusuf'un
Torunu Mustafa

Merkum Erzincan'ın sukutu (düşmesi) üzerine İdare ile Erzincan'a dehalete gitmiş, bir takım hediye para alarak avdet etmiştir. Doktor David'i İdare İbrahim'in muvafakatiyle Kasım oğlu Munzur'un yanından köyüne kaçırarak himaye eden ve bilahare Erzincan'a firar ettiren ve bundan başka Ermeni kaçakçılığında büyük bir rol oynayan ve müteaddit defa bilmünasebe ismi geçmiş ve Rus Çar'ına keşide edilen telgrafa imza koyan hain bir heriftir.

Maksûd Uşağı Aşireti
Rüesasından Polis

Vaktiyle Polis ve bilâhare telgraf hat muhafızı iken Rusların Erzincan'a girmesi üzerine dehalete giden ve Ermenileri Erzincan'a firar ettiren Eğin ve Kemah baskınlarına iştirak eyleyen ve Rus Hükümeti tarafından tayin edilen ve Çar'a Kürdistan'ın muhtariyeti esası üzerine telgraf keşide eden müfsit ve meşhur Ermeni kaçakçısıdır.

Şam Uşağı Aşireti
Rüesasından Lolo

1324 senesindeki te'dibâtda bir alay kadar askere baskın yaparak bozulmasına ve subaylarla beraber yüze yakın kayıp vermesine sebep olanlardan birisidir. Eğin ve Çemişkezek köylerine baskın yapan kollara bizzat kumanda eden müfsit bir heriftir. Aynı zamanda Ruslara dehalet etmiştir.

Bizgâr Uşağı Aşiret
Rüesasından Bera

Rusların Erzincan'a girmesi üzerine aşireti içerisinde bulunan jandarma neferlerinin ellerinden silahlarını almak suretiyle evvela Ovacık sükûnetinin bozulmasına sebebiyet vermiş ve Pulur'daki Hükümetin kalkmasını ısrarla talep ve Erzincan'da Rus Çar'ına telgraf keşide ve Eğin, Kemah köylerini aşiretle beraber viraneliğe çeviren herifin birisidir.

Belit Uşağı Reisi Zeynel

Hemen mütareke zamanına kadar Ermeniler ile dostluğunu muhafaza etmiş ve haydut gibi en şerir Ermeni casusu bundan himaye görmüş, Ermenilerden aşiretlere gelecek muhâberâtın tevzi ve gidecek cevapların irsal merkezi hep bu adam olmuş ve kendi mevkiine düşkün, hükümeti kavi gördüğü zamanlarda şahsî düşmanlarının muhaberelerini hükümete teslim etmeyi unutmamış Ermeni dostu ve kaçakçısı ve Kürdistan'ın muhtariyeti için Rus Çar'ına keşide edilen telgrafa imzasını koymuş bir şahs-ı habistir.

Kardeşi Hasan

Erzincan'ın sükûtu üzerine Ovacık'a keşfe gelen Kazak müfrezesine kılavuzluk eden Doktor David Erzincan'a firar ettirilirken merkumu salimen ve âminen kaçırmaya memur olanlardan ve hainlerden ve son zamanlara kadar Erzincan'dan eline çekmeyenlerden birisidir.

Yeni Uşağı Aşireti
Rüesasından Cebr Oğlu Eyüp

Bidâyet-i seferberlikte Dersim tarafında Erzincan'a giden On birinci Kolordu Mercan Boğazı'ndan mürur ederken altı askeri öldürerek tüfeğini almış ve Erzincan'ın düşmesi üzerine Ruslara katılmış ve Rus müfrezesinin önüne geçerek Pulur'a girmiş şerir ve Ermenilerin muhibbi bir adamdır.

Bu Dahi Salacak Ağa
Yukarı Abbas Uşağı Aşireti Rüesasından

Seyyid Rıza... Bu adam Ruslara dehalet etmiş ve Rusların büyüklüğüne kani olmuş ve Hükûmet-i Osmaniye'ye aleyhtar bir hınzırdır. Ermeniler ile muhaberesi, eşkıyalığı, edepsizliği ve nihayet tezviratı olmakla beraber Hozat'ı müdafaa ve Hükümet lehine hareket etmek gibi hizmetleri de vardır.

Bu Dahi
Biraderi Seyyid Ağa

1324 senesinde İdare İbrahim Ağa ile beraber Diyarbakır'da mahpus olmuş ve tahliyesine binaen çıkmış, Hozan'ın muhasarasında hükümet aleyhine çalışmış ve ruhen hükümetin aleyhtarı müfsit bir adamdır.

Maksud Uşağı Reisi
Kasımoğlu Munzur

1324 senesinde mevkuf olmuş, bilâhare tahliyesi icra kılınmış; Erzincan'ın sükûtu üzerine de Ruslara dehalet ve Rus Çar'ına keşide edilen telgrafı imza etmiş ve Doktor David'i köyünde ve himayesinde tutmuş bir adam ise de sonradan tebdîl-i efkâr ve şerden ziyade hükümetin hayrına hizmet etmiştir.

Kazgan

Bu aşiretin reisi Süleyman denilen şahsı ilk olarak Garbî Dersim'de aşireti içerisindeki müdürü kovmak suretiyle alenen isyan eden ve 1332 senesi bidayetinde Hozan'ın muhasarasına başlıca sebebiyet verenlerden hınzır ve hain, lanetli bir şahıstır.

Bahtiyari Aşireti Rüesasından
Sökeli Yusuf

Mensup olduğu Bahtiyarlı Aşiretinden hiçbir kimse Ruslara gitmediği halde Moskoflara dehalet ve 1332 senesi bidayetinde Hozan'ı muhasara eden ve kelepir getirmek için Eğin karyelerine kol gönderen hain, yalancı bir heriftir.

Karaballı Aşireti
Reisi Mehmet Ağa

Bu adam menfaatinin temini için oğlu ve akrabaları ile bir çok Ermenilerin Erzincan'a firar ettirilmesine ve hatta 18.1.1334 tarihinde derdest edilen Hamtur Boyacıyan namındaki Ermeni'yi dahi 16.1.1334 tarihine kadar himaye ve Ruslar ile gizliden gizliye muhabere etmesine rağmen Hozat'ın müdafaasında Hükümet-i Osmaniye'ye fiilen hizmet eden ve ahvâle göre hareket eden nüfûz sahibi bir ağadır.

Ferhad Uşağı Rüesasından

Havşarlı Küçük Ağa

Erzincan'ın sükûtuyla beraber İdare İbrahim Ağa refaka-
tinde olarak Ruslara dehalet eden ve Ermenileri Rusya'ya firar
ettiren bir hınzırdır.

Bu Dahi Cahşi Ağa

Merkum Hozat'ı müdafaa edenler meyanında bulun-
muş ise de mühim miktarda Ermenilerin kaçırılmasına sebep
olmuş ve 18.1.1334 tarihinde derdest edilen Doğramacı Ava-
dis'i 16.1.1334 tarihine kadar nezdinde hıfz etmiş ve nihayet
elinden alınmıştır.

Pillo'nun Aşireti Reisi

Köyoğlu Hacı Ağa

Merkum 1332 senesi bidayetinde Hozat ve Birtek'e taar-
ruz eden ve birçok mazarratı dokunan bir kimse ise de 13. Fır-
ka tarafından Dersim'in tedibiyle beraber dayak yemiş ve o
zamandan itibaren hüsn-i hizmet etmiş ve etmektedir.

Koç Uşağı Rüesasından

Bako Ağa

İdare İbrahim Ağa ile arası olmamakla beraber Rusların
Erzincan'a girmesiyle Çemişkezek baskınlarında ve Ermeni
kaçakçılığında mühim rol oynayan ve ahlaken itimat edilme-
yen menfaatperest bir adamdır.

Bu Dahi Kankıros'lu

Seyyid Ağa

Rusların Erzincan'a girmesiyle beraber İdare İbrahim Ağa
ile beraber Erzincan'a giden; para, silahlar ve cephane alan ve
Çar'a telgraf keşide eden ve Hozat'ın keşfine gelen Kazak müf-
rezesine Koç Uşağı ağaları ile beraber dehalet etmiştir.

Ferhad Uşağı Reisi

Zübab (Debab) Ağa

Menfaat mukabilinde Arapkir ve Eğin Ermenilerini Dersim dahiline firar ettiren, bununla birlikte Hozat'ın müdafaasında bulunan düşkün ahlaklı bir heriftir.

Karaballı (Karayalı) Aşireti Rüesasından

Kankozade Sevak Müdürü Mehmed Ali Ağa

Harput Ermenilerinin Koç Uşağı vasıtasıyla firarlarına başlıca sebep ve bu yüzden bir çok para kazanmış bir kimsedir.

Şârki Dersim		
	Karişan	Ali Kah
	Aşağı Erilli	Yusuf Ağa Ali Çavuş Zeynel Çavuş
	Hozmekli Aşireti	Civerek'de mukim Süleyman Ağa
	Dimnan (?)	Cebrail Süleyman Ağalar
	Sinanlı	Süleyman Ağa
	Sur oğulları	Timur Ağa, Oğlu Keko Ağa, İbrahim Ağa Şeyh Haşan Efendi

Yukarıda sayılan reislerden icap edenlerin mazileri hakkındaki mevcut malumat arz edilmiştir.

15 Kânunuevvel 1335 tarih ve bilâ-numaralı şifreye Dersim aşiretleri hakkında on birinci kolordu askere alım heyetince cem' edilmiş olan malumat aşağıdaki gibi kısaca arz olunur.

Dersim Ekrâdının (Kürtlerinin) lisanı umumiyetle "Zaza" lisanı olup Kürtçeye yakındır. Aşiretlerden bazıları ilkbahardan sonbahar ibtidasına kadar gece kalıcı olarak yaylada ikamet eder. Ve kışın köylerine çekilirler. Dersimlilerin ecdâdı Mavera-yı Türkistan'dır. Burada hicret etmiş Şeyh Hasan ve Seydanlı namında iki biraderden teessürle [Şeyh Hasanlı, Seydanlı] namında iki büyük kabile vücuda getirmişlerdir ki bugün mevcut aşâyir behemehal bu iki kabileden birine men-suptur. Kökende Türk olan Dersimliler mürur-ı zamanla ken-di âdet ve milliyetlerini terk etmiş ve lisanlarını kaybetmişler-dir. Hatta Ovacık aşariyi pek yakın zamana kadar anadilleri olan Türk lisanını muhafaza etmiş ve elân içlerinde fasîh Türk-çe tekellüm eden tek tük eşhas bile mevcut bulunmuştur. Bal Uşağı, Koç Uşağı, Maksud Uşağı, Ferhad Uşağı, Karaballı ve diğerleri gibi aslına uyarak aşiretlerin Türk namını taşımala-rı da bunların aslen Türk olduklarına tamamen delalet eder.

Dersimliler Şiî mezhebine girmiş ve Hazret-i Ali'nin ulû-hiyetine kâildir. Yalnız Çarsancak kazasıyla Mazgirt'in bir kısm-ı cüz'îsi Sünni'dir. Hazret-i Ebubekir'le Hazret-i Ömer ve Osman'a ve Emevîlere küfreder ve bunları hilâfetin gâsıbı ve Hazret-i Ali ile evlatlarının katili tanırlar. Bunları seven Türk-lere de Yezid nazarıyla bakarlar. Her aşiretin bir iki seyyidi olup bunların Hazret-i Ali neslinden olduğunu iddia ve itikat ederler. Gerek seyyidleri gerek kendileri son derecede cahil ve ümmîdirler. Dersim'de her yüksek dağ, her büyük ağaç birer ziyaretgâhtır. Ehl-i beytin mersiyelerini ve "buyruk" diye isimlendirdikleri kitapları okurlar. Seyyidlerin telkînât-ı bâtı-lalarına kemâl derece iman ve itikatları vardır. Tahlif (yemin) ve ahd Hazret-i Ali'nin değneği ve ziyaretgâhları üzerine icra edilir. Cenâb-ı Hakk'ın bir kere Hazret-i Ali ve bir kere de Hazret-i Ali suretinde mertebe-i beşeriyete tenezzül ettiğine dair Ermenilerin on beş yirmi seneden beri vaki olan iğfâlâtı Dersimlilerin bâtıl itikatları üzerinde hayliden hayliye icra-yı tesir etmiş gibidir.

Meselâ hiçbir Tük tecavüze uğramış olmaksızın aşiretler arasında geşt u güzâr edemediği (gezip dolaşamadığı) halde en adi bir Hıristiyan aylarca en adi aşiretler arasında dolaşır, ticaret ve icra-yı sanat eder de adı geçen ırk muhriyet-i diniye dolayısıyla hiçbir tecavüz ve taarruza uğramaz. Bilakis bun-lardan himâye ve muhafaza görür. Hatta esna-yı tehcirde Har-put, Arapkir, Eğin vesaireden bir çok Ermeni Dersim'e firar etmiş ve aşiretler tarafından uzun müddet himaye olunduktan sonra Rusya'ya aşırılmış ve harbin devamı müddetince bu aşiretler Türkler aleyhine Ermeni komitelerine yataklık, kılavuzluk etmişlerdir.

Dersim son derece kayalık, sarp ve geçilmesi zor vahşi yerler olup ekilip biçilecek aksamı ve meraları azdır. Arazinin bu vahşeti Dersim ahalisinin tabiatına da icra-yı tesir ederek hepsini vahşi ve hunhar, insaniyet ve faziletten mahrum bir hale koymuştur. Mezra ve meralarının kifayetsizliği hasebiyle ahali sair yerlerde olduğu gibi kendi ekip biçtikleriyle geçimlerini temin edemediğinden ve sanat ve ticaretleri de olmadığından tabiatın bu noksanını hırsızlıkla, haydutlukla telâfiye meyletmişler ve noksan-ı hasılat (hasılat eksikliği) tesiriyle evvelemirde Hükümete olan vergilerini, borçlarını verememişler ve buna karşı bir kaç defalar jandarma vesaire ile vaki olan takibata karşı sevk-i tabiat ve zaruretle mukavemete mecbur olmuşlardır. Arazinin bu mukavemetleri teshil ile muhtelif zamanlarında üzerlerine gönderilen Kuva-yı tedibiye hemen her zaman ric'atle iktifa'ya mecbur olduğundan bu hal Dersimlilerin cüretlerini arttırarak daha ziyade şekavete süluk ve temayüllerini intaç etmiş ve civarlarındaki Erzincan, Harput ovalarının ma'mûriyeti ve Kemah, Eğin, Çemişkezek'in zengin ve mahsuldar günleri daima nazar-ı gayz ve hasetlerini celb ederek fakr u cehâlet ve muhit ve veraset tesiratıyla artık civar kazaların köylerine tecavüzü ve ahali-yi mutayı gasb u gâretle geçinmeyi meslek ittihaz etmişlerdir.

Dersimlilerin sû-i ahlakı o derecede bozulmuş, o mertebede sukût etmiştir ki nüfuz ve mevki-i içtimaisi en yüksek olan zengin ve yüzlerce davarı vesairesi bulunan bir aşiret reisi iki keçi karşısında şeref ve namusunu düşünmez, bizzat hırsızlığa kadar tenezzül eder. Rüesanın emir veya muvafakatleriyle en cesurlarının taht-ı idare ve kumandasında kollar teşkil edilerek taraf taraf Kemah, Eğin, Çemişkezek köylerine, yollar üzerine sevk edilir. Artık götürülecek eşya ve mevaşisi (küçükve büyükbaş hayvanı) kalmayan civar köylerde bağlanır, Dersimliler için kendi tabirleri veçhile *kelepir* getirmek kadar müstahsen ve zevk veren hiçbir şey tasavvur olunamaz. Binâenaleyh Dersim'de para ve kuvvetin pek büyük bir mevkii ve tesiri vardır. Bunların dostluğu da düşmanlığı da behemehal bir menfaat mutekabilidir. Harb-i ahirde (son harpte) Erzincan'ı işgal eden Rusların parası bu doymak bilmeyen ve din-vatan namına hiçbir hisse malik olmayan Dersimlileri şaşırtmış bütün aşiretler taraf taraf Erzincan'a koşarak Rusları memleketlerine davetle bunlara kılavuzluk etmek ve kıtalarımıza tecavüz eylemek suretiyle düşmana iltihak etmişlerdir. Son derece yalancı ve huy olarak hilekâr ve fırsatçı olduklarından sözlerine itimat etmek tamamen ve kesinlikle saflıktır. Muhtelif aşiretler arasında çekememezlik fazla olduğu gibi avam takımının ağalarına itaatleri muhakkak değildir. Aşiretlerden bazıları nispeten cesur ise de kuvvete karşı umumiyetle mutî ve niyâzkâr ve bilakis acizlere karşı pek cesur ve hunhardırlar. Keza aralarındaki gasp ve sirkat ve katil davalarını *cemaat* dedikleri seyitlerinden ve azalarından mürekkep bir meclisde hall ü fasl ederler. Şayet uyuşamazlarsa, muhâsım aşiretlerin yekdiğerine karşı olan tecavüzleri uzun müddet devam eder ve lâkin ihtiyaç anında herhangi bir aşiretin tedibine teşebbüs olunursa muhâsım aşiretleriyle derhal aralarındaki adâveti bırakarak yekdiğerinin muâvenetine koşarlar.

Şarkî Dersim, Garbî Dersim'e nispetle hükümete daha boyun eğici ise de bunlar da haddizatında fırsatçı ve ihanetkârdırlar... Mesela Dersim aşiretleri harp nihayetlerine doğru Pülümür cihetindeki Rus kıtalarına karşı hakkıyla müdafaada bulunmuş ve bunlara hayli hasar vermişler ise de Erzurum'un sukûtunu müteakip de Garbî Dersim'den evvel icra-yı mel'anete başlamış, Nazimiye, Mazgirt, Çarsancak'taki memurini ve Türkleri mıntıkalarından uzaklaştırarak mallarını ve eşyalarını kamilen gasp etmişlerdir. Gerek Şarkî gerek Garbî Dersim'de aşiretlerden mevkileri hükümet merkezlerine yakın olanlar fenalığa daha ziyade meyyal ve iğfalkâr olup ekseriya aşâyir-i saireyi de bunlar icra-yı şekâvete tahrik ve teşvik ederler. Umum aşiretler yedindeki silahın azami anahtarlı, kasalı ve mevcudu mavzer olup bir kısmı da büyük çaplı mavzerle Rus tüfeği ve pek cüz'i Bulgar tüfeğidir. En kuvvetli aşiret 400 ilâ 700 ve en zayıf aşiret de kırk-elli nihayet altmış silahlı çıkarabilir. Şimâlen Pulur, Erzincan ve Kemah'ın bir kısmı, Garben Kemah, Eğin, Çemişkezek, Cenûben Çarsansak'ın Şıvak ve Perenk nahiyeleriyle nefs-i Çarsancak, Şarken Palu, Kiğı kazalarıyla çevrilmiş olan Dersim'in aşiretlerle meskûn olan kısmı Munzur suyu vasıtasıyla Şarkî ve Garbî namıyla ikiye ayrılır ki, kayda nazaran Garbî Dersim'in nüfus-ı umumisi 8.000 ve Şarkî Dersim'in 32.000 olup bu miktarın takriben nısfından (yarısından) fazla da gizli nüfusları vardır. Garbî ve Şarkî Dersim'in bellibaşlı aşiretleri ve rüesası da aşağıda olduğu üzere arz edilmiş ve bunlardan Garbî Dersim aşiretlerinin iskân ettikleri mevkileri gösteren yerde kroki rabt edilmiştir. Şarkî Dersim aşiretlerinin bulundukları nahiyeler ve köyler askere alım heyetince de malum olmadığından bu babdaki malumâtın cem' ve tenfizine tevessül edilmiştir.

AŞİRETLERİN İSİMLERİ

Ferhat Uşağı	Debbap Ağa Harışarlı Küçük Ağa, Çemşid Seyyidhan
Yukarı Abbas Uşağı	Seyyid Rıza Büyük Biraderi Seyyid Ağa
Aşağı Abbas Uşağı	Mustafa Ağa, İbrahim Ağa, Goço, Yako, Süleyman Ağa
Pillo	Köyoğlu Hacı Ağa, Seyid İbrahim, Süleyman Ağa
Kırgan	Süleyman Ağa, Zeynel, Alişan, Mimli

GARBİ DERSİM

Koç Uşağı	İdare İbrahim Ağa, Seyithan, Ali Ağa, Yako Ağa, Memli Ağa, Kankıroşlu Seyid Ağa
Şam Uşağı	Lillo Halil, Şeyh Hüseyin
Resik Uşağı	Koç ve Şam Uşağı Rüesasının taht-ı idaresindedir. En fakir fakat en cesur bir aşirettir.
Laçin Uşağı	Yusuf Ağa, Beko Ağa
Karaballı	Kankozâde Mehmed Ağa, Mahdumu Mehmed Ali Ağa, Koç Ağa, Timur Ağa, Yusuf Cemil Efendi
Bahtiyari	Süleyman Ağa, Sökeli Yusuf Ağa, Mehmet Ağa
At Uşağı	Hüseyin Ağa, Ali Ağa
Birgiz Uşağı	İbrahim, Yusuf, Veysel, Ali, Süleyman
...... Uşağı	Mehmet, İsmail, Şeyh Canan, Manzur, Ali Mehmed Cemal
Arslan Uşağı	Karaman, Manzur, Zeynel, Mustafa Ağalar
Kar Uşağı	Karaman Ağa
Maksûd Uşağı	Kasım oğlu Mansur, Kuru Yusufzâde Mustafa Ağa, Polis Manzur, Kahraman Süleyman
Kolan Abbas	Süleyman Seyid Ağalar
Bal Uşağı	Hayroğlu Eyüp, biraderi Mahmud, İsmail Saycan Ağalar

Beyt Uşağı	Dursun Ef., Zeynel, Biraderi Hasan Ağalar

ŞARKİ DERSİM

İzoli	Güloğlu Süleyman
Şadili	Badi, Seyyid Mahmut, Molla Yusuf
Hıran	Caferoğlu Mehmet Ali Ağa, Mustafa Ağa
Alatlı	Hasan Ağa
Yusfan	
Çarikli	Mustafa Bey Bakır Ağa
Keçil	Pir Ahmet Ağa
Şeyh Hasanlı	Külabi Ağazâde Yusuf Ağa, Yako Ağa
Bolatlı	Çirikli Veli Ağa, Dağikli Veli Ağa, Süleyman Murteza Hasan Ağa Biraderi Mehmet, Seyithan Ağalar
Abbas Uşağı	Seyid Ali, Pir Haşan Ağa
Bal	Seyyidhan
Erilli Aşireti Bağik zâde	Hüseyin Ağa

Garbî Dersim Ahvali

Elaziz

19.3.1335

I. AŞİRETLERİ

1. Taksimatı: Haritada gösterildiği Veçhile ikidir

a- Şeyh Hesnanlı 3.800 silahlı nefer "en zeki ve kurnazlarıdır" b- Seydanlı 3.000 silahlı nefer

(Şarkî Dersimliler heyet-i umumiyesine Şeyh Hesnanlı diyorlar)

2. Nüfuzlu rüesa:

(1) Karaballılardan reis Konkozade Mehmet Ağa (mütekâid jandarma yüzbaşısı) gayet kurnaz

Tarafı: Karaballılardan kendi takımı Ferhat Uşağından Cemşid Ağa takımı Aşağı Abbas Mustafa Ağa Kırgan Aşireti

Hatırını Sayanlar: Her taraftadır. Fırıldağını çevirir.

(2) Yukarı Abbas Uşağı Reisi Seyyid Rıza

Tarafı: Karaballılardan Ali Goco takımı Aşağı Abbas Uşağından Zeynozâde İbrahim ve küçük Ağalar Ferhat Uşağından Debbab takımı, Seyid Han

Hatırını sayanlar: Pillonlu Aşireti, Bahtiyar Aşireti

(3) Maksud Uşağı Reisi

Kasım oğlu Manzur: (Kemah civarında müsademede öldü (1337'de) KK.)

Tarafı: Maksud Uşağı "Ovacık Aşiretinden"

Hatırını Sayanlar: Ovacık aşiretleri 1. Bizgâr Uşağı 2. Arslan Uşağı, 3. Beyt Uşağı, 4. Kalan Uşağı

(4) Koç Uşağı rüesasından İdare (1323 tedibinde derdest edilerek 7.5 sene hapis yattı) "Türemedir, nüfuzu muvakkatdir"

Tarafı: Koç Uşağı, Şam Uşağı

Hatırı sayanlar: Ovacık aşiretleri

3. Şayân-ı İtimad Rüesa yok gibidir.

(1) Ferhat Uşağından Seyithan gayet afîfdir.

(2) Yukarı Abbas Uşağı reisi Seyyid Rıza nisbeten iyicedir.

(3) Pilönk Aşireti reisi Hacı Ağa iyidir. Kankazâdenin

teşvikiyle geçen sene fenalık etmeye sülük etmiş ise de nadimdir. Bu sebeple Seyyid Rıza taraftarıdır.

(4) Arslan Uşağı reisi Pulur'lu Mehmet Ağa. Hükümet Pulur'da olduğu için korkuyor.

4. En muzır rüesa:

(1) Koç Uşağı rüesası: İdare, Yako ve diğerleri

(2) Maksud Uşağı'ndan Manzur (Ruslara giden gelen hep odur). Kemah müsademesine girdi/1337)

(3) Ovacık aşireti rüesası: Ruslarla temaslarından dolayı kamilen bozulmuşlardır.

(4) Karaballı reisi Kankozâde Mehmet Ağa; herkesi talan ve yağmaya teşvik etti.

5. Aşiretin en kurnazları

Şeyh Hesnanlılardır. Onlar daima Hükümetle ziyade temasa gelirler. Diğerlerine akıl öğretirler. En mühim rüesanın Hesnanlılarda olması ve esasen diğerlerine nüfuz geçirmeleri de bunu ispat eder.

6. Namdâr rüesanın mücmelen ahvâl-i hususiyeleri

(1) Kankozâde Mehmet Ağa (Karaballı), pek kurnazdır. Esasen her tarafa nüfuzu vardır. Fakat münâferetler az çok nüfuzunun eksilmesine hizmet etmiştir.

(2) Seyyid Rıza, bu da kurnazdır. Fakat –Kankozâde'den ehvendir. Bunun sözü nispeten şayan-ı itimattır. Hozat'ı asıl kurtarmaya koşan Seyyid Rıza'dır. Gerçi Kankozade'ye kalmamak için dahi bir fikir varsa da herhalde nispeten iyidir.

(3) Kasım oğlu Manzur (Mansud Uşağı) 1323 Senesi te'dîb olundu. 7.5 sene Diyarbakır hapishanesinde yattı. 1331 nihayetinde çıktı. İlk fırsatta teşvik de görünce ihanet etti.

(4) İdare (Koç Uşağı rüesasından): Bu aşiret reisi değil, esasen eşkıya reisidir. 1323 senesi te'dibinde Diyarbakır'a

gönderildi. Hapishaneden kaçtı. Rus müfrezelerini Hozat'a getiren kendisidir. Erzincan'a gidip gelince hem Koç Uşağına, Şam Uşağına hem diğer Ovacık aşiretlerine nüfuz kazandı. Kâffesi yemin edip İdare'nin sözünden dışarı çıkmayacaklarına ahd ettiler.

(5) Köse Oğlu Hacı Ağa (Pilonlu) Mumaileyh ve aşireti mutî idi. Geçen sene Kankozâde'yi gârata teşvik etti. Fakat te'dib gördü. O da hükümete mutîdir. Seyyid Rıza ile arası iyidir.

(6) Seyyid Han (Ferhad Uşağından): Yegâne afif, mutî bir adamdır.

7. Rusları Ovacık'a ve Hozarat'a getirenler

Tarihi	Aşiret	Persi	Rus müfrezesinin kuvveti	Geldiği mahal	Maksat
Temmuz	Kalan Aşireti	Hayroğlu Ahmet Ağa	Su altı zabit	Pulur	İhanet ederek, Hükümete isyan ve talana hazırlanmak; fakat müfreze çabuk kaçmıştır.
Ağustos	Koç Uşağından	İdare	40 atlı bir zabit	Murat tepesi (Hozat şimalinde)	Müfreze himayesinde ve İdare'nin nüfuz iktisabı ile Hükümeti Pulur'dan kaçırdılar. Fakat kuvvetimiz Hozat'ta olduğundan yalnız olarak Rus müfrezesi avdet etmiştir. Kuvvetimiz iki gün evvel gelmiş idi. Ordugâh kurmuşlar. İdare henüz bilmiyordu.

Esasen Pülümür Jandarma efradından olup elyevm
Malatya'da mukim süvari jandarma neferi

Mehmet Ali

Erzurum'un sukûtundan mukaddem Dersim'den muavenet Meclisi efradının celb ve cem'iyle Dâru'l-Harb'e sevki lüzumu(nun) vilâyetten emir buyurulması üzerine Kazadan bilumum aşiret rüesasına tebligat-ı mukteziye ifa edilerek bilumum rüesa [Krişanlı Ali Çavuş ve Zeynel Çavuş, Sürzâde Timur Ağa, Aşağı Erilli reisi Yusuf Ağa ve Hormekli Aşireti reisi Civerek'li Süleyman Ağa ve geçen sene vefat eden Bertal

Ağalar] Hağmo Karyesine toplanarak kışı bahane etmişler ve hiçbir ferdi sevk edemeyeceklerini ve hava açılırsa gideceklerini beyan ve katiyyen Dâru'l-Harb'e bir nefer sevk etmedikleri gibi işbu müzâkere esnasında kazaların tahrip ve yağmasına müttefikan karar vermişlerdir. Bilahare Erzurum'un sukûtu üzerine yekdiğeriyle muhabere ederek 20 Şubat 1321'de Pah ve 20 Şubat 1321'de Nazimiye ve 20 Şubat 1321 Mazgird ve 20 Şubat 1321'de Çarşancakla Palu köylerinin aşiretler tarafından tahrip ve yağmasına başlıca sebep Ali Kah olduğu gibi ahaliden koyun öşrü olarak kırkar para alınacağını da ahaliye tebliğ etmiştir. Orduya ait olup stoklanan erzak ambarına el koyarak mezkûr ambarın aşiretler tarafından yağma edilmesini çok arzu etmişse de Mazgird'in Şadilli Aşireti reisi Molla Yusuf'un kendisine karşı vuku bulan mukavemeti üzerine zahîreyi almaya muvaffak olamamıştır.

Düşmanın Erzincan'a ulaştığında ahâliyi silahlandırmak ve düşmana iltihak ederek Nazimiye'ye kadar götürmek maksadıyla düşmandan bir çok tüfek ve cephane almış ve düşmanı Fahri Baba'ya kadar getirmiş ise de her ne esbaba mebni ise düşman tarafından tekrar oradan aldırılmıştır. Te'dîb için Dersim'e gelen Fırka'nın hasbe'l-luzûm Fem istikâmetine gitmesinden bilistifade Pülümür kaymakamı Mustafa Bey merkûmu o sırada para mukabilinde Mazgird'in Terişcik nahiyesi müdürlüğüne tayin ettirmiştir.

(Krişan Aşireti rüesasından
Terişah nahiyesi müdürü
Ali Kah)

Krişan Aşireti Rüesasından Zeynel Çavuş

Merkûm aşiretine hâkim ve nâfiz olup erbâb-ı fesâddandır. Asker firarisi olup kazaların yağma ve tahribine diğer aşiretler ile müttefikan sebebiyet vermiş ve Nazimiye'nin tahribinden bir gün evvel vilâyetin talebi ile Nazimiye'den Harput'a giden dört süvari jandarmasına Zeynel Çavuş maiyyeti efradıyla beraber ellerinden tüfekleri almak ve yapacakları hareketin geriye haberdar edilmemesini temin etmek maksadıyla önlerine çıkıp üzerlerine ateş etmişlerse de jandarma neferleri firar ederek Nazimiye'ye avdet etmişlerdir.

Hormikli Aşireti Reisi Olup Civelek'te Mukim Süleyman Ağa

Merkum kazaların tahrip ve yağmasından Ali Kah, Ali Çavuş, Zeynel Çavuş, Bertal Timur Ağa, Yusuf ve Seyyid Ali Ağalarla Hağmo karyesinde ittifaka dahil olmuştur. Erzurum'un sukûtuyla düşmanın Erzincan'a geldiğinde Mustafa Bey'le beraber Erzincan'a kadar giderek orada Rus orduları Kumandanı "Nikola Nikolaeviç"in huzuruna çıkarak otuz üç seneden beri hasretini çektikleri Rus Hükümet-i âdilesine intizar ettiklerini ifade etmekle beraber arz-ı dehalet etmişlerdir. Kendisi Fem'e giderek ahaliden ve perakende surette galip geçen efrattan silah toplayarak Dersim aşiretlerinin silahsız efradına para mukabilinde satın almıştır. Erbâb-ı fesattan olup aşiretine hâkim ve etkili bir kimsedir.

Aşağı Erilli Aşireti Reisi ve Hani Nahiye Müdürü Yusuf Ağa

Merkûm aşiretine hâkim ve nâfiz erbâb-ı fesattan olup kazaların tahribinde biraderi İsmail ve amcasıoğlu Ali ile müştereken ve Ali Kah ve Ali Çavuş, Zeynel Çavuş, Bertal ve Civerekli Süleyman Ağa ve Sürzâde Timur Ağalarla müttefikan her üç kıtanın tahribine sebep olmuştur. Te'dîb için Dersim'e gelen Fırka'nın lüzum görüldüğünden Fem'e gitmesinden bilistifade Pülümür kaymakamı Mustafa Bey tarafından para mukabilinde Hani müdürlüğüne tayin ettirilmiştir.

Kırişan Aşireti Reisi ve Erisik Nahiyesi Müdürü Ali Çavuş Ağa

Merkûm kendilerince seyyid bulunması dolayısıyla bilumum aşiretlere ve fesatçıların etkililerinden olup kazaların tahrip ve yağmasında Ali Kah, Bertal, Kırşanlı Zeynel Çavuş, Civerek'li Süleyman Ağa, Sürzâde Timur ağalar ve Mazgirt'in Küp Karyesinde mukim Seyyid Ali Ağalarla müttefikan kazalar tahribine sebebiyet vermiştir. Siyaseten te'dibe gelen Fırkanın Fem'e gitmesinden bilistifade Erisik nahiyesi müdürlüğüne tayin edilmiştir.

Şeyh Hüseyinlilerden Bal Uşağı Reisi Seyyid Han

Merkûm aşiretle birlikte fırka 36'ya taarruz etmiştir. Ashâb-ı nüfuz ve fesat erbabındandır.

Abbas Uşağı Reislerinden Pir, Hasan Ağa

Merkum 10 Temmuz 1332'de Azdan'dan geçen 36. Fırkaya taarruz etti. Aşiretlerin başlıca müsebbiplerinden biri de bu adam olup aşiretiyle yer yer kendisi mezkûr fırkaya taarruz etmiştir. Merkûm fesat erbabı ve ashâb-ı nüfuzdandır.

Bolatlı Aşireti Reislerinden Dağnikli Veli Ağa

Merkûm 10 Temmuz 1332'de 36. Fırkaya taarruz eden aşiretlerin başlıca müsebbiplerinden olup kendisiyle beraber aşireti de mezkûr fırkaya taarruz etmiş ve merkûm hükümet aleyhtarlığından hiçbir zaman hâli (boş) kalmamıştır.

Şeyh Hasan Aşireti'nden Taşra Kumandanı Külâbî Ağazade Yusuf Ağa

Merhum Yako Ağa ve Pir Ahmet Ağaların her bir harekatıyla müttefik ve müşterek olup esasen kendisi fesat erbabından olduğu gibi mütemadiyen hükümet aleyhinde bulunmuş ve düşmanın ta Pülümür'e kadar gelmesine başlıca sebebiyet vermiştir.

Bolatlı Aşiret Reisi Murteza Ağa

Merkûm aşiretiyle beraber 10 Temmuz 1332'de Fırka 36'ya taarruz etmiştir. Kendisi ashâb-ı nüfuzdan olup şimdiye kadar hükümet aleyhinde bulunmaktan kat'iyyen geri kalmadığı gibi Erzincan'ın sukutuyla beraber Kırişanlı Mehmet Çavuş'un dörtyüzü mütecaviz kuvvetini gasp etmiştir.

Bolatlı Aşiret Reisi Süleyman Ağa

Merkûm 10 Temmuz 1332'de aşiretiyle beraber Fırka 36'ya taarruz etmiş, düşmanla münasebet peyda ederek hayli müddet Hükümet aleyhinde bulunmuştur.

Abbas Uşağı Reisi Olup Hali Hazırda
Delirtik'te İkamet Eden Kırnavuklu Seyyid Ali Ağa

Düşmanın Erzincan'a muvâsalatında merkûm aşiretiyle düşmana iltica ve dehalet ederek kendisini yirmi beş lira maaşla o civarda bir nahiye müdürlüğüne tayin ve istihdama muvaffak olmuştur. Mütemadiyen Şeyh Hasan aşiretleriyle muhabere ederek tarafeyn (iki taraf) kuvvetleri hakkında düşmana malumat vermekten bir an hâli (geri) kalmadığı gibi Nisan 1333 sonlarında kendisinin düşman tarafından geriye uzaklaştırılacağını hissetmesi ve Şeyh Hasanlıların teşkilata dahil olmasını işitmesi üzerine mıntıkamıza iltica etmiştir. Merkûm fesat erbabından ve erbâb-ı nüfuzdan olup katiyyen hükümetin menfaatini iltizam taraftarı değildir.

Bolatlı Aşireti Rüesâsından Çirikli Veli Ağa

Merkûm Yako Ağa ile birlikte giderek oradaki düşman kuvvetine yol göstermekle beraber düşmanı Pülümür'e celp ettiği gibi 10 Temmuz 1332 tarihinde fırka 36ya taarruzda bulunduğu tahakkuk etmiştir.

Erilli Aşireti Rüesasından Danzinik
Nahiyesi Müdürü Yörikzâde Hasan Ağa

Merkum aşiretle 10 Temmuz (1322)'de Fırka 36'ya taarruz ettiği gibi, Pülümür'deki memurlar ile ailelerinden ileriye ve geriye gidenleri çevirmiştir. Düşman Pülümür'e geldiğinde sırf menfaat-i şahsiyyesini gözeterek düşmana iltihak etmiş ve düşmana karşı silah istimal etmeyeceğini temin ve taahhüt etmesine binaen Danzinik nahiyesi müdürlüğüne tayin edilerek bir harp madalyasıyla da taltif edilmiştir. Merkum Pülümür'de düşman nezdinde bulunuyorken Erilli Aşiretinden Seyyid Hüseyin'in Pülümür cenubundaki derede ilerlemekte olan düşmanın Kazak efradını katletmesi üzerine Pülümür'de durmayarak katilin kim olduğunu takip etmek bahanesiyle yakasını düşmandan kurtarmış ve aşireti nezdine avdet ederek bir daha Pülümür'e gitmemiştir. Merkum haddizatında erbâb-ı fesâddan olmakla beraber hükümet aleyhinde bulunmaktan da hiçbir zaman boş kalmamıştır, Hükümetin zafiyetinden istifade etmiştir. Nisan 1333'de tarafımızdan düşmana yaptırılan bir baskın esnasında birçok şahıs ile muvacehesinde, "Biz Türk kanunu bilmeyiz, biz Kürt kanunu biliriz. Onunla hareket ederiz" diyerek aşiretleri heyecana getirmiştir. Mensup olduğu aşiret gayet hırsız ve şaki olup civar aşiretlerin kâmilen nefretini kazanmıştır.

Bolatlı Aşireti Rüesasından Hasan
Ağanın Biraderi Mehmet Ağa

Merkum aşiretiyle beraber 10 Temmuz 1332'de Fırka 36'ya taarruz etmiş olup ashâb-ı nüfûz ve fesat erbabındandır.

Bolatlı Aşireti Rüesâsından Seyithan Ağa

10 Temmuz 1332'de aşiretiyle beraber Fırka 36'ya taarruz etmiş ve kendisi ashâb-ı nüfuzdan olup şimdiye kadar hükümet aleyhinde bulunmaktan bir an geri kalmamıştır.

Mümâileyh cinayet meselesinden Erzurum'da mahpus

olduğu bir sırada Erzurum'un vuku bulan sukûtu üzerine mahfuzan Erzincan'a sevk edilirken yoldayken firara muvaffak olarak karyesine gelmiş ve Erzurum'un sukûtuyla düşmanın Mamahatun istikametinde ilerlemesinde Milis Alayı ile Vehib Paşa Hazretlerinin maiyyetinde müstahdem eniştesi Mehmed Ağa'yı Erilli Aşireti'ne va'd ettiği üç yüz lira ile biraderi Haydar Haydar Bey'in kerimesini vermek üzere mezkûr aşiret vasıtasıyla katl ettirmek ile Tercan'daki milis kıtalarının dağılmasına sebebiyet vermiştir. Rusların Erzincan'a girmesiyle beraber kuvvetinden ayırdığı müfrezenin Şetr'e muvasalatında yanlarına giderek kendisinin Ruslara teslim olunduğunu ifade etmekle beraber Şeyh Hasnanlı Yako ve Çerikli Veli ve Göneli Karyeli Ali. İbrahim Ağalar marifetiyle mezkûr müfrezeyi Pülümür kasabasına celp etmiş ve aradan bir kaç gün geçtikten sonra maiyetinde bulunan, şimdiye kadar kendisine yol göstermekten hiçbir an hâli kalmayan Bölük Emiri Ziya ile birlikte Erzincan'a giderek Rus orduları Baş Kumandanı "Nikolay Nikolayeviç"(in) huzuruna çıkarak otuz üç seneden beri müştâkı oldukları (hasretle bekledikleri) Rus Hükûmet-i adilesine kavuştuğundan dolayı beyân-ı memnuniyet ve konağına avdet etmiştir.

Çarmikli Aşireti Reisi Olup Hal-i Hazırda Pülümür Kazası Kaymakamı ve Pülümür Milis Alayı Kumandanı Mustafa Bey

Esna-yı avdette mensup olduğu aşiretten hiçbir ferdin Hükûmet-i Osmaniye tarafına geçmemesini tembih ettiği gibi Fahri Baba ve daha şarkındaki hat'ta bulunan düşman efradına yevmiye, külliyetli erzak verdiği sırada aşiret reisi bulunması hasebiyle derdestle geriye doğru gönderilmesine düşman tarafından teşebbüs edildiğini işitmesi ve Maskan Aşireti Reisi Mustafa Ağa'nın ısrar ve zorlaması ve o sırada Erillilerden Seyit Hüseyin'in Pülümür cenubundaki derede bir kaç Kazak nefesini katl etmesi ve Kırışan Aşireti rüesasından Mehmet Çavuş Altunsay'ın Cephesinde keza düşmanın bir kaç mekkâresini vurduğundan münfail olması ve büyük Hareminin ısrarı üzerine mıntıkamıza nakl-i hane etmeye mecbur olması ve İzzet Paşa Hazretlerinin emirleriyle o sırada teşekkül eden Pülümür Milis Alay Kumandanlığına ve ona ilave olarak Pülümür Kazası Kaymakamlığına tayin edilmiştir. Mumaileyhin Dersim'ce hainliği malum olduğundan ahali kendisini tanımayarak bir türlü milis teşkilatı yapmaya muvaffak olamayıp büyük Haremi köy köy gezerek ahaliye para ve eşya tevziiyle aşiretleri kandırmış ve bu vesile ile refakatinde bulunan Erkân-ı Harp Yüzbaşısı Ahmet Bey ile Milis teşkiline muvaffak olmuştur. 1 Eylül 1332'de Pülümür ve Altunsayın Cephesinde milislerle baskın yapmakla düşmanı iz'âc etmiş ise de Hükümete, vatana yararlı başkaca bir hizmeti görülmemiştir. Mumaileyh, üç yüzü mütecaviz köye malik olduğuna nazaran mezkûr köyler ahalisiyle düşmanın Erzurum'dan ilerlemesini men'e muktedir iken Hükümetin mahvında gözü olması ve hainlik göstermesi ve Hükümetin değil lehinde, aleyhinde bulunarak Osmanlıların daima tedenni ettiğini (gerilemesini) arzu etmesi dolayısıyla vatan-ı mukaddesimizin selâmeti yolunda hükümete mevcudiyeti muzır olan böyle bir mahlûkun vücudunun izalesi elzemdir.

Şarkî Dersim Rüesasından
Keçil Aşireti Rüesâsından
Takım Kumandanı Pir Ahmet Ağa
Merkum Yako Ağa'nın her bir ef'aliyle müttefik ve müşterek olduktan başka Nisan 1333'de tarafımızdan düşmana yaptırılan bir baskının ertesi günü be-tekrar düşmana iltihak etmek fikr-i hıyanetinde bulunmuş ise de tarafeyden vuku bulan maktul merkumu düşmana iltihak etmekten menetmiştir. Baskın dolayısıyla ve aşiretiyle beraber düşman aleyhinde yaptığı hareketten memnun olmayarak nadim olmuş ve Hükümetin mahvına her an göz dikmiş ve hatta Ağustos 1333 tarihinde .... Dağının garbındaki sırtta mensup olduğu aşiretleri heyecana getirip ve kuvve-i maneviyelerini tenkis

etmiş ve o sırada Karacakale'ye yürüttürülen Milis kıtalarının sırf kendi teşvik ve tergîbiyle bir netice almadan geri çekilmelerine sebebiyet vermiştir.

10 Temmuz 1332 tarihinde Fırka 36'nın Mamahatun'dan Pülümür istikâmetine çekildiği esnada Pülümür'ün şimal-i garbisinden ve Balaban Deresinin cenubundan geçerken Ezvan mevkiinde merkum aşireti ile birlikte fırkanın geri dönüş yolunu kesmek maksadıyla üzerlerine taarruz ederek küllî telefat verdirmekle beraber bir çok silah ve cephane aldığı ve o sırada Pülümür'den Erzincan'a hicret eden memuru ve ailelerini soyduğu ve ahiren Pülümür'ün şimalinde bulunan Şetri'ye gelen düşman müfrezesine yol göstererek Pülümür'e celp etmiş ve mütemadiyen Erzincan'a gidip gelerek düşmanla muhabereden bir an hâli kalmamıştır. Nisan 1333 tarihine kadar düşmanın Sülyüs Karacakale'de bulunan kuvvetleriyle ihtilatta bulunarak düşmanın her bir arzusunu ve ihtiyacını temin ve tesviye ettiğine mükâfaten kendisi Pülümür'de mahkeme memurluğuna ve Danzik Nahiyesi Müdürlüğüne tayin edilmiş idi.

Şeyh Hasananlı Keçil Aşiretleri Reislerinden ve Şeyh Hasan Alay Kumandanı Yako Ağa

Merkum şimdiye kadar hükümetin zaafından istifade ederek vatanın aleyhinde bulunmuş ve aşireti ile beraber kendisi her an Hükûmet-i Osmaniye'nin mahvını beklemişlerdir. Vatan-ı mukaddesimize büyük bir darbe indirmek maksadıyla düşmana geçmesi dolayısıyla vücudunun yok edilmesi ehemm ve elzemdir.

Sürgüzâde Timur Ağa'nın Oğlu Keko Ağa

Merkum kazaların tahribine sebebiyet veren diğer rüesanın ittifakına dahil ve aşiretiyle beraber icra-yı tahribat ve tehdidat eylemiştir. Kendisi erbâb-ı nüfuz ve fesattandır.

Sürzâde İbrahim Ağa

Merkum kazaların tahribine sebebiyet veren diğer rüesanın ittifakına dahil ve aşiretiyle beraber icra-yı tahribat ve tehdidat eylemiştir. Kendisi erbâb-ı nüfûz ve fesattandır.

Sürzâde Şeyh Hasan Efendi

Merkum kazaların tahribine sebebiyet veren diğer rüesanın ittifakına dahil ve aşiretiyle beraber icra-yı tahribat ve tehdidat eylemiştir. Kendisi erbâb-ı nüfûz ve fesattandır.

Cündan Aşireti Ağası Mehmed Ali Ağa

Merkum kazaların tahribine sebebiyet veren diğer rüesanın ittifakına dahil ve aşiretiyle beraber icra-yı tahribat ve tehdidat eylemiştir. Kendisi erbâb-ı nüfûz ve fesattandır.

Hizan Aşireti Reisi Mustafa Ağa

Merkum kazaların tahribine sebebiyet veren diğer rüesanın ittifakına dahil ve aşiretiyle beraber icra-yı tahribat ve tehdidat eylemiştir. Kendisi erbâb-ı nüfuz ve fesattandır.

Sinamlı Süleyman Ağa

Merkum kazaların tahribine sebebiyet veren diğer rüesanın ittifakına dahil ve aşiretiyle beraber icra-yı tahribat ve tehdidat eylemiştir. Kendisi erbâb-ı nüfuz ve fesattandır.

Dımnan Aşireti Reisi Cebrail Ağa

Merkum kazaların tahribinde aşireti ile bulunmuş ve aşiretini tahribata sevk ederek birçok ganimetler getirmiştir.

Dimnanlı Süleyman Ağa

Merkum kazaların tahribinde aşireti ile bulunmuş ve aşiretini tahribata sevk ederek birçok ganimetler getirmiştir.

Mazgirt'in Köpük karyesinde mukim Seyit Ali

Merkum kendilerince Seyyid bulunması dolayısıyla birçok aşirete hâkim ve nafiz erbâb-ı fesattan bir şahıs olup elinde suvâr olduğu halde "Hazreti Hasan'ı öldürenleri öldürün" diyerek ahaliyi Mazgirt Kazası memuru aleyhinde teşvik ve kaza kaymakamıyla jandarma Kumandanını vesair şahsı öldürdükten başka kazanın kâmilen yağma edilmesine sebebiyet vermiştir.

Merkum erbâb-ı nüfûz ve fesattan olup kazaların tahribine sebep olan rüesanın ittifakına dâhil olmuş ve bilfiil aşiretiyle beraber Mazgirt ve Çarsancak'a hücum ederek mezkûr kazaları tahrip ettirdiği gibi Palu'ya kadar da gittiği tahakkuk etmiştir.

DOĞU İLLERİNDE ERMENİLERİN MEZALİMİNE AİT DOKÜMAN

Türkiye Büyük Millet Meclisi Hükümeti
Şark Cephesi Kumandanlığı
.... Şubesi
1335 ve 1336 Seneleri
Kafkasya'da İslamlara karşı icra olunduğu
tebeyyün eden Ermeni Mezalimi

Kars
1.1.1337

1335 ve 1336 seneleri(nde) Ermeniler tarafından Kars ve Erivan vilayetleri dahilinde icra olunan kıtal ve mezalime ait hülasa:

Osmanlı ordusu 30 Teşrinievvel 1334 tarihinde akdettiği mütareke şeraitine tevfikan Harb-i Umumi'den evvelki Osmanlı-Rus hududu gerisine çekildikten itibaren hudut haricinde himayesiz kalan ahali-i İslamiye de yeniden Ermeni kıtal ve mezalimine uğramaya başladı. Osmanlı ordusunun tahliye ettiği arazide ekseriyeti teşkil eden İslam nüfusunun mahv u imhasına yürüyen kıtal ve mezalim; tohumluk istemek, sebepsiz vergiler tarh ve teklif etmek ve silah toplamak gibi en adi bahanelerle irtikâp edilmektedir. Mazlum İslamların duçar oldukları bu silsile-i fecayi Avrupa'da, Amerika'da velhasıl her taraftaki Ermeni propagandacıları vasıtasıyla hep İslamlar tarafından ika edilmiş cinayetler şeklinde ilan olunmakta ve İslamların maruz kaldıkları felâket ve musibetlerden, zulüm ve kıtallerden yine İslamlar aleyhine binlerce bühtan ve iftira vesileleri bulunmaktadır. Bu müfteriyat ve tasniata sarih bir cevap teşkil etmek üzere 1335 senesi Temmuz ayı zarfında Kafkasya'da İslamlara karşı icra olunduğu haber alınabilen Ermeni mezalimi, Osmanlı Erkan-ı Harbiye-i Umumiye Dairesince neşredilmişti.

İslamlar için kanlı bir sahne-yi fecaat teşkil eden 1293 hududu şarkındaki mıntıkaya Türk ordusu 1336 senesi(nde) tekrar girdiği zaman Ermenilerin bıraktığı asar-ı vahşeti re'ye'l-ayn görmüş ve muhtelif heyetler vasıtasıyla yapılan tedkikat-ı resmiyede pek çok hakikatlere destres olmuştur.

Müşahedat, sağ kalan yerli ahalinin ifadesine ve vesaik ve delaile müstenit olarak bir kitap halinde cem ve telfik edilen bazı malumatla şimdiye kadar Ermenilerin propaganda perdeleri arkasında gizlemeye çalıştıkları emsali görülmemiş pek feci levhaları enzar-ı beşeriyete vaz' edeceğinden neşir ve tamimi bir vazife-i insaniye telakki olunmuştur.

İngilizlerin hile ve oyunları neticesi olarak Kars Şura Hükümeti 13 Nisan 1335'de mevki-i idareyi terk ettikten üç gün sonra Ermeni generali Osebyen askerleriyle beraber Kars'a girerek Taşnak Ermenilerden Garganof makam-ı hükümeti işgal etti.

Bundan bir hafta sonra Ermeni mezalimi yeniden başladı.

1. Kars ve Civarında Ermeni Mezalimi:

a) Vaktiyle Şura askerlerinden iken terhis edilen 100 İslam toplanarak zulüm ve işkence ile imha edilmiştir.

b) Şura müessislerinden İbrahim, Hasan Aziz, Musa Bey, Kömürlü Yusuf Bey, Muhlis Efendi ve Rus milletinden Raçinski, Camişof, Kağızmanlı Ali Bey, Revanlı Mehmet Bey, Hüseyin Ağa, Ahmet Efendi, bir gecede tevkif ve teb'id olunduktan sonra hepsinin evleri müsadere ve eşyaları yağma edilmiştir.

c) Bu hafta zarfında fırıncı Mustafa Ağa katl ve eşyası yağma edilmiş ve fırıncı Mehmet oğlu Hasan'ın 700 Osmanlı altın lirası ve iki bin banknot lirası vali muavini Çalkünyan ile ceza reisi tarafından hile ve tehdit neticesinde gasp olunmuştur.

d) Başlı karyesinden Molla Mehmet, Türkiye ile muhaberede bulunuyormuş iftirasıyla kale arkasına götürülerek sağ sağ kafasının derisi yüzülmüş ve yan taraflarında ellerini kesip cep yaparak gayet feci ve işkenceli bir surette öldürülmüştür.

h) 1335 senesi Haziran'ında Karsa tabi Hacı Halil Karyesinde meskûn Türkleri Sebtoğlu Muradyazin beş yüz süvari ile muhasara ederek sekiz bin koyun, sekiz nüfus aile reislerini katletmişlerdir.

Küçük Yusuf, Hacı Mehmet köyü, Satu köyü, Ala köyü, Ağadede karyelerine de hücum ederek ahaliden otuz kişiyi itlaf ve hanelerini yağma ile iki bin koyun ve sığırı gasbederek Kars'a götürmüşlerdir. Bu cinayetler, general Osebyan ve vali Karganof'un emriyle yapılmıştır.

1335 senesi Kânunuevvel, 1336 senesi Kânunusani ve Şubat aylarında Ermenilerin yaptığı zulüm ve işkence ve kıtal vüs'ati itibariyle pek ziyade şayan-ı dikkat ve calib-i merhamettir. Bu vekayiden bazıları ber-vech-i âti derc olunmuştur.

v) General Osebyan'ın kumandasındaki kıtaat-ı askeriye ve çeteler Kars etrafında bulunan Karapınar, Çamurlu, Akkerem, Gölbaşı, Yurdik, İneli, Kızılçakmak köylerine hücum ve yüzü mütecaviz bigünah masum İslamları öldürdükten sonra iki bin koyun ve sığır ve yüz bin liralık halı, ev eşyası ve ziynet eşyası gasp etmişlerdir. Ermenilerin bu zulüm ve vahşetinden dolayı Kars civarını terk ile Göle ve Çıldır taraflarına firara mecbur olan İslam ahalisinden ekserisi kadın ve çocuk olmak üzere beş yüz kadar insan soğuktan donarak telef olmuşlardır. Bu fecayiin mürettipleri de Garganof ile kumandan Oseyban'dır.

2 Kanunusani'den itibaren Kars-Gümrü demiryolu üzerinde Şahnalar-Odino karyesine hücum ve zırhlı vagonlardan top ateşleri icra olunmuş ve yalnız bu karyede beş yüzü mütecaviz erkek, kadın ve çocuk pek merhametsiz bir surette şehit edilmiş ve kaçabilen iki yüz kadar İslam da kar tipileri altında boğularak rahmet-i Rahman'a kavuşmuştur.

h) Yine bu sıralarda Kars sancağına tabi Digor nahiyesinden otuz sekiz pare köyü Ermeniler tahrip ve ihrak, bu köylerden erkek, kadın, çocuk olmak üzere on dört bin altı yüz yirmi İslamı katl ve imha ve bilumum mallarını yağma eylemişlerdir. Hakayik, mezkûr otuz sekiz köy ahalisinden sağ olarak kaçıp kurtulan ve elyevm avdet etmiş olup Ermeni hunharlığına, Ermeni vahşetine sarih ve feci bir levha-i ibret teşkil eden bu harabeler içinde gözyaşı dökerek yeniden yurt yapmaya çalışan zavallıların şikâyet ve ifadelerine ve mahallinde yapılan tahkikata müstenittir.

Tahrip edilen bu köylerin isimleri ber-vech-i âtidir:

Digor, Pazarcık, Tarhana, Türkmenaşan, Sorholu, Alem, Makarpırt, Alaca, Türk Söğütlüsü, Bayram Gömek, Veysi Gömde, Ayran Döken, Aracık Ülya, Aracık Süfla, Kızıl Mağara, Kitpan, Karabağ, Çanak, Dolamaç, Kesko, Karakale, Hortsun, Kayakümde, Pivik, Dellar, Karaköy Ulya, Karaköy Süfla, Şaban Aryalı Başköy, Betlik, Alemcan, Paşa Bey, Çarıklı Ülya, Çarıklı Süfla, Hüseyinkendi, Kale karyesi.

2. Sarıkamış ve Mülhakatında Ermeni Mezalimi:

a) Kars İslam Şura Hükümetinin sukutundan bir müddet sonra Ermenilerin Sarıkamış'a vürudundan kaymakam Varcabet Agop evvelce Şura Hükümeti nezdinde telefoncu olan yedi İslâmı feci surette katlettirmiştir.

b) Ermeniler Sarıkamış'a vürudun ikinci haftasında Mescitli köyüne baskın yaparak Erivan muhacirlerinden Derviş Ağa ve yirmi kişi aile reislerini katl ve köyü topla bombardıman, ve emval ve eşyasını gasp ettiler. Bu vakanın ertesi günü işbu zalimane tecavüzü protesto eden Milletvekili ve Sarıkamış'ın sabık kaymakamı Bekir Bey'in Hamamı karyesinde bulunan hanesini ve karyeyi topla tahrip ve Bekir Bey'in akraba ve taallukatını katl ve nukut ve emvalini gasp ettiler.

c) 1336 senesi 1 Nisandan itibaren General Osebyan ve vali Garganof ve Alay kumandanı Mıımanof'un emriyle Osmanlı muhaciri olan Ermenileri Sarıkamış köylerine iskâna başladılar, bundan sonra çetebaşı Sepo'nun *Maverist* tabir olunan atlı çeteleri, başlarında çeteci Ermeni Şapo Murat Çavuş Naz Bek, Hacı Bab ve Sarıkamış Jandarma kumandanı Kör Arak Hayrabet olduğu halde birer birer İslâm köylerini yağmaya başladılar.

Yağma ve tahribe uğrayan İslam köyleri ber-vech-i âtidir: Aşağı ve Yukarı Kotanlı, Oluklu, Tuzluca, Akşar, Kar Hamza, Iğdır, Kara Çayır, Ak Pınar, Ali Sofu, Cavlak, Kırkpınar, Karnakadı, Sigor, Katranlı, Bölükbaşı, Laloğlu, Kamışlı, Çıplak, Aşağı Salut, Verişan, Boyalı, Akçakale, Başköy, Beyköy, Karakale, Katranlı, Emirham, Zalca, Bekitce, Has Bey, Sübhan Azad. Ermeniler bu otuz iki köyden bir çoğunu kamilen ve bazılarını da kısmen tahrip etmiş ve pek çok mal ve eşya ve para gasp ve ahaliden bin dokuz yüz yetmiş kişiyi katl ve imha etmişlerdir. Yalnız Katranlı'da muhtelif üç büyük bina dahilinde sekiz yüz İslâmı ihrak etmişlerdir. Mütebaki ahaliden birçoğu yalnız canlarını kurtarmak suretiyle hududu geçerek Türkiye'ye dehalete mecbur kalmışlardır.

(1334 senesinde Ermenilerin bu mıntıkada şehit eyledikleri on bir bin yerli İslam ve umumiyetle 1334 senesinde hududun şarkında Ermenilerin yaptığı kıtal ve mezalim ayrıca musavver risaleye derc edilecektir.)

d) Bu sıralarda Ermeniler Lavstan, Toptaş, Kelpekâr karyeleri ahalisinden sekiz yüz İslâmı evlere doldurarak yakmak suretiyle Ermeni vahşet ve hunharlığına bir numune daha ilave etmişlerdir. Bu üç köyden alıp götürdükleri yirmi beş güzel kız ve gelinin akıbetleri meçhul kalmıştır. Katliam esnasında bu köylerden firara muvaffak ve elyevm berhayat olan dört kişi bu facianın içinde bulunmuş şahitlerdir.

h) 14 Eylül 1335'de Ermeniler Karaurgan'ın on beş kilometre kadar şarkındaki Mecingerd Ulya köyüne taarruzla İslâm ahaliyi kısmen katl ve kısmen de hicrete icbar etmişlerdir.

v) 10 eylül 1335'de Zakim, Göreşkân Cermikek karyelerine taarruzla ahaliden bazıları şehit ve mütebakisinin mallarını yağma eylemişlerdir.

z) 1336 senesi zarfında Berdiz nahiyesine tâbi Göreşkân, Zakim, Pertus, Ziyenek, Dakir köylerinden dokuz yüz on iki nüfus kısmen kurşunla, kısmen ihrak suretiyle imha ve yüz elli bir haneyi tahrip ve ihrak etmiş ve pek çok iğtinam, zahire, kıymetli eşya ve nukud gasp eylemiş ve bu köylerden birçok kız ve kadınlara caniyane bir surette taarruzla beraber yirmi dokuz genç kızı alıp götürmüşlerdir.

Bu katliam esnasında evvelce kıtale uğrayan muhtelif mahallerden toplayıp Kürkçü ve Vartanut karyelerinde iskân ve iaşe edilen yüz yirmi beş öksüz kız ve erkek İslâm çocuğunu da feci bir surette katledilerek (Ermeni vahşetinin mazlum kurbanları arasına katılmıştır. Bu feci tertip ve idare edenler alay kumandanı Mirmanof ve Mazmanof ile Sivaslı Murat ismindeki hunhar çetecilerdir)

h) Karaurgan civarında Zeki karyesi ahalisi, Osmanlı hududu üzerinde Müslüman ahalinin bulunması caiz olmadığından Kars'a gönderilecekleri bahanesi ile köyden çıkararak Kars'a doğru sevk ve Sarıkamış'la Kars arasında mezkûr ahalinin araba, eşya ve hayvanlarına gasp ve yüz elli nüfusu orman içinde katletmişlerdir. (Bu feci olayı Kör Arşak yapmıştır).

3. Akraba, Çıldır, Göle, Zavşat Mıntıkalarındaki Mezalim:

a) 1336 senesi Kânunsani ve Şubat aylarında Kars ve Sarıkamış havalisinde olduğu gibi mahalli İslam Şura Heyeti tarafından idare edilen Çıldır, Zaruşat, Akbaba menatıkında Ermeniler top ve makinalı tüfek müfrezeleri ile takviye edilmiş kuvvetlerle İslâmlara tecavüze başladılar. Kânunsanide Zaruşat kazası dahilinde ilk defa Güvercin, Mamaş, İçlipınar karyeleri Ermeni çetelerinin taarruzuna uğramış ve bu köylerden kırk beş kişi bir kısmı ateşte yakılmak üzere şehit edilmiş, güzel ve genç kızlardan otuzu Gümrü'ye sevk olunmuştur.

b) Bu ay zarfında Göle nahiyesinin Çullu karyesine Ermeniler topçu ateşiyle ve çetelerle taarruz ederek erkeklerini kamilen katl ve imha, kız ve gelinleri esir, emval ve eşyasını gasp ve yağma eylediler. Bu nahiyenin Çıtak Ülya ve Çıtak Süfla köyleri de taarruza uğrayarak erkeklerin bir kısmı firar etmiş, kadınlarının ırzları Ermeniler tarafından payimal ve ahalinin mevaşi ve sair eşyası yağma olunmuştur. Hasköy karyesinden de bir miktar mevaşi gasp ve dört erkekle bazı kadınlar Ardahan'a götürülmüşlerdir.

Ermenilerin sırf İslamlarla meskûn olan ve İslâm Şurası tarafından idare edilen bu menatıkı cebren istilaya karar vermiş oldukları, mezkûr mıntıkaya taarruza hazırlanmış olan Ermeni kıtaatı kumandanı tarafından 30 Kânunusani 1336'da neşredilen tehditname gösteriyor. Evlerin topçu ateşi ile yakılacağından ve emvalin kamilen mahv u tahrip edileceğinden bâhis bu beyanname Ermeni hükümetinin mezalim-i resmiyesine bir numune teşkil edeceğinden aynen atiye derc olunmuştur.

-suret-

Zaruşat havalisine verilen emir

Numara: 1

Romanof istasyonu

30 Kanunusani 1920

Saat: 12

Zaruşat havalisi ahalisine

Sizce malumdur ki ben kıtaatımla Romanof istasyonuna geldim. Sizin karar vermeniz için iki gün sabrederek bekliyorum. Kadınlarınıza, çocuklarınıza merhamet edip tabiiyeti kabul ettiğinizi bildirmek için murahhaslarınızı gönderiniz. Sizce belki malumdur ki Ermenistan Cumhuriyeti Düvel-i Muazzama tarafından müstakil olarak tanınmıştır. Ermenistan, Gürcistan ve Azerbaycan arasında sulhen beraber yaşamak için tedafüi bir ittifak-ı dostane aktedilmiştir. Bundan dolayı size evvelce ihbar etmeden gerek Ermeni ve gerek Rus veya Müslüman olsun köylerimizden hiç birinde kan dökmek istemiyorum. 31 Kânunusani saat 12'ye kadar en geç olmak üzre, on murahhas tabiiyetinizi tasdik etmek maksadıyla

Romanof istasyonuna, nezdime göndermenizi tavsiye ederim.

Murahhaslarınızın hayat ve hürriyetini tekeffül ediyorum.

Eğer tabiiyeti kabul ederseniz kendi hürriyetinizi ve emvalinizin emniyetini deruhte ederim. Aksi takdirde hanelerinizi topçu ateşi ile yakmaya ve emvalinizi mahvetmeye mecbur kalacağımdan ailelerinize gelecek zararın mes'uliyeti size aittir.

Bazı maksatlar sizi hataya sevk edip "Eğer Ermeni hükümetine tabi olursanız Ermeniler sizi kesecekler" diye aldatıyorlar, bunlara inanmayınız.

Siz biliyorsunuz ki Kelsek, Soğanlı ve Kağızman havalisindeki Müslümanlarla Ermeniler hal-i sulhde ve uzlaşmış bir halde yaşıyorlar. Zaruşat havalisi ahalisi siz de böyle yaşayacaksınız.

İmza
General Mayorn-n.
Nersisof - Pr.

(Aslına mutabıktır)

25 Kânunusani 1335'de Ardahan kaymakamı Kadimof ve askerî kumandanı Marmanof imzasıyla Çıldır ahalisi milletvekillerine hitaben yazılan beyannamelerde "her taraftan Çıldır ahalisi üzerine asker sevk edileceği ve bu kıtaatın vürudunda karşılarına 'tuz ve ekmek' çıkarıp boyun eğerek teslim olmak lâzım geldiği ve şayet teslim olmazlarsa Erivan vilayeti Müslümanlarına ve Göle ahalisine yapılan muameleden daha şedit cezalara uğrayacaklarını bildirmişlerdir. Buna mukabil, Çıldır ahalisi, cevaben Erivan vilayetinde Müslümanlar hakkında reva görülen katliamlar ve elan Gölede yapılan kıtal ve mezalim göz önünde iken kendilerinin Ermenilere emniyet ve itimat edemeyeceklerini zikr ü beyan etmişlerdir. Bunun üzerine 27 Kanunusani 1336 gündüz saat 6'da Ermeni kıtaatı beş ateşi ile taarruza başlamışlarsa da yerli ahalinin mukabele ve mukavemeti üzerine saat 12'de püskürtülmüşlerdir. Bir taraftan Erivan vilayeti dahilinde tatbik edilen taktil ve tehcir mezalimi,

diğer taraftan Göle, Çıldır, Şuregel Zaruşat, Akbaba havalisine vuku bulan tecavüzatı Kanunusani 1336'da henüz Kars'ta icrayı hükümet etmekte olan İslam Şura Hey'eti, Tiflis'te bulunan Amerika mümessili nezdinde protesto etmiştir. Hiç bir taraftan mazhar-ı himaye ve sahabet olamayan bu biçare Müslümanların muhik ve acıklı sedası, Azerbaycan hükümeti Millet Meclisi kürsüsüne aksederek oradan da yükselmiştir.

Azerbaycan hükümeti Hariciye Nezareti tarafından bu katliamlar hakkında Ermenistan hükümetine ve bir sureti de İngiltere, Fransa ve İtalya mümessil-i siyasilerine verilip Batum'da çıkan *İslam Gürcistan* gazetesinin 4 Mart 1336 tarihli nüshasında neşredilen nota sureti âtidedir:

"İkinci nota"
Ermenistan Hükümeti Hariciye Nezaretine

Hükümet-i metbuam Kars hadisat ve fecayii hakkında Kars ahali-i İslâmiyesi murahhasları tarafından irsal kılınan evrakı ve 30 Kânunusanide Genaral Oseyan tarafından neşrolunan 1 numaralı emirname suretini ve Kars'tan keşide edilen telgrafnameye Zaruşat mıntıkası murahhaslarının cevabını ve bunlara mümasil evrak-ı saireyi ahzetmiştir. Azerbaycan hükümeti tarafından ahz olunan vesaik-i mezkûre ve malumat, Ermenistan hükümetinin Kars ülkesinde sulh ve sükûn hükümferma olup Kars ülkesi ahali-i İslâmiyesi aleyhinde harekât-ı tecavüzkâranede bulunmadığını mübeyyin ve müş'ir tarafınızdan gönderilen telgrafnamelere tamamen zıt ve onların aksini ispat etmektedir.

30 Kânunusanide General Osebyan tarafından neşrolunan bir numaralı emirname Zaruşat mıntıkası ahalisinin tebaiyet etmelerini aksi takdirde top ve tüfek ateşleriyle imha edilecekleri tehdidini ihtiva etmektedir. Zaruşat ahali-i İslâmiyesi murahhasları General Osebyan'a takdim ettikleri cevapta Ermeni memurları tarafından icra olunan katliâm ve gayr-ı kanuni hareketlerinden bahisle kanunsuzluğun önüne

geçmesini ve köylerinin ihrak ve imha edilmemesini rica etmişler ve aksi takdirde tevellüd edecek mesuliyetin Osebyan ve Ermenistan hükümetine ait olacağını da bildirmişlerdir. Kars ülkesi ahali-i İslâmiyesi murahhasları tarafından verilen malumata nazaran Mazmanof'un taht-ı kumandasında bulunan Ermeni askerleri 27 Kânunusanide Müslümanlarla meskûn köylere taarruz ettiği gibi Osebyan dahi bir numaralı emirnamesindeki tehdidini icra etmiştir. Bu suretle Güvercin, Kızılkili, Keçer, Perçek, Miçli, Gömid, Ağzıaçık, Mamaş, Tebdevan ve Kalecik köyleri top ateşleriyle Ermeni askeri tarafından tamamıyla ihrak ve bilcümle emvali talan edilmiştir. Bununla beraber Ahilkelek ve Tiflis'de bulunan Karslı müslümanlar tarafından verilen malumat hâdisat ve fecayi-i mezkûreyi teyit etmekte olduğundan İslam ve Ermeni milleti arasında münasebet-i hayırhahane tesisi maksadıyla bu gibi harekât-ı vahşiyane ve fecianeye nihayet verilmesi hussunda icap eden tedabirin ittihazını hükümet-i metbuam namına rica eder aksi takdirde tevellüdü melhuz mes'uliyetin Ermenistan hükümetine raci olacağını da beyan ederim.

Hariciye Nazırı

Han Hoviski

Artık tahammülfersa bir şekle giren Ermeni mezalimi hakkında İslâmlar tarafından yapılan feryat ve şikâyet temadi edince nihayet Tiflis'den Amerikalı Miralay Haskel ile bir İngiliz yüzbaşısı 1334 senesi Şubat'ı bidayetinde Şahna ve civarındaki köylere gelerek ahaliyi teskin ve te'mine çalışmış ve ba'dema İslamlara katiyen tecavüz olunmayacağını vaat etmişlerdir. Bu vaatlere inanan halk, artık can ve mal ve namuslarının tekeffül ve temin edildiği zannıyla silahını geri alarak köylerine dağılmışlardır. Fakat bu teminata rağmen aradan çok vakit geçmeksizin Ermeni çeteleri ve kıtaatı toplanarak ve imdat alarak tekrar İslâmlara taarruza başlamışlardır.

c) 28 Şubat 1336'da Ermeniler tekrar Zaruşat kazasına taarruza geçerek İslamlara pek büyük telefat ve perişanlık verdirmiş ve yirmi sekiz pare köyü kamilen harap ederek kadın ve çocuklar da dahil olmak üzre iki bin nüfusu caniyane bir surette katl ve imha etmişlerdir. Bu köylerin genç ve güzel bakirelerinden bir çoklarını on üç kızağa doldurarak Gümrü'ye ve altı kızak ile de Kars'a götürerek Ermeni vahşilerinin evlerine dağıtmış ve bu zavallıları ölümden daha pek çok feci olmak üzre hiss-i hayvanilerini teskin için daimi esaret altına almışlardır. Bu köylerden alınıp sahipleri imha edilen talan eşyasını teşhir için Kars'ta bir pazar açılmış ve bilhassa kadınların sırmalı ve işlemeli don ve gömlekleri müzayedelerde satılmıştır.

Bu menatık dahilinde hiç silah kullanmaksızın bilâ-mukavemet Ermenilere teslim olan köyler hakkında da kıtal, yağma ve ırza tecavüz bütün fecayii ile tatbik ve icra olunmuştur. Kânunusani ve Şubat ayları zarfında top ve makinalı tüfeklerle mücehhez Ermeni kuvvetleri müteaddit defalar Akbaba, Çıldır, Zaruşat ve Göle mıntıkalarına hücum etmişlerdir. Bu hücumların ekserisi Ermenilerin mağlubiyeti ve fazla telefatı ile neticelendiği için her sıkıştıklarında meseleyi sulhen halletmek ister gibi görünerek Ermeni ve İngilizlerden müteşekkil heyetler vasıtasıyla İslâm ahaliyi iğfale ve hayat ve namusunu, toprağını muhafazadan başka bir maksadı olmayan İslâmlar arasındaki vifak ve ittihadı bozmak için her türlü fesat ve fitneye başvurmuşlardır.

Bu menatık dahilinde Ermenilerin irtikap ettikleri mezalim ve fecayiden yapılan tahkikat neticesinde tebeyyün eden Şuregel kıtali vüs'at ve dehşeti itibariyle pek fecidir.

d) 26 Kânunusani 1336, Ermeni kumandanlarından Baratof ve Mazmanof'un top ve tüfekle müsellah Ermeni askerlerinin Şuregel nahiyesinin Ana karyesinden kırk, Aynalık'dan altmış, Karataş'dan yetmiş, Gölviran'dan elli, Kebenek'den seksen, Yılanlı'dan kırk, Ağüzüm'den yetmiş, Istagan'dan otuz, Aralık'dan otuz, Karakilise'den otuzbeş, Molla Musa'dan yüz, Pahoğlu'ndan elli, Vartanlı'dan yüz, Okçuoğlu'ndan yüz elli, Necir'den otuz, Ergene'den kırk, İncedere'den otuz, Sökös'den yüz, Şahnalar'dan iki yüz yirmi, Karacan'dan iki yüz, Söğüt-lü'den on sekiz, Geçit'ten otuz, Hacıpir'den otuz, Küçük Kıy-malı'dan altmış, Akbulak'dan otuz, Kara Mehmet'ten yirmi, Küçük Kızıltaş'tan yirmi, Büyük Kızıltaş'tan yüz, Çakmak'tan otuz, Mağaracık'tan yüz, Karahaçlı'dan yüz elli İslâm hanesini tahrip ve emval ve eşyasını yağma ve ahalisinden kısm-ı a'za-mını katl ve imha eylemişlerdir:

h) Zerşat kazasının Tepeköyü karyesi harman zamanı Taşnaklar tarafından topla tahrip edilerek mezkûr kazadan beş erkek ve bir kadın katl ve malları yağma edilmiştir. Ve yine Zarşat'ın Mes'atli karyesinden otuz, Keçebur karyesin-den kırk, Kızılkilise'den altmış hanenin harap edildiği, yetmiş seksen çoluk çocuğun ateşte yakıldığı ve sekiz bin mevaşinin (küçük ve büyük baş hayvanın) alındığı tahakkuk eylemiştir.

v) Yapılan tahkikata nazaran Göle kazasından Çullu, Site-moğlu, Lalevarkans, Harabe, Altınbulak, Karatavuk, Çardak-lı, Şeksi, Gülistan karyelerinin dahi Ermeniler tarafından tah-rip ve bu köylerden yüz seksen İslam katl ve eşyalarının gasp edildiği tebeyyün etmiştir.

Bu mezalim de vali Garganof'la kumandan Marmanof zamanında ve bunların tertibi ile ika olunmuştur.

z) Ermeniler Akbaba kazasına da 1335 senesi nihayetinden itibaren 1336 senesi zarfında hayli zarar ve ziyan ika ve müte-addit köyleri tahrip ve ahaliyi Gürcülere dehalete ve Türki-ye'ye hicrete icbar eylemişlerdir.

4. Merdenek ve Oltu Havalisindeki Mezalim

a) 1335 senesi Haziranında Mazmanof kıtaatı Pülümür kar-yesine taarruz ederek mevaşi ve eşyasını kamilen yağma ve kaçamayıp da köyde kalmış olan beş on kişinin elbiselerini gasp ve kendilerini itlaf ve kadınların ırzlarına tecavüz etmiş-lerdir. Karye ahalisi üç gün aç olarak dağlarda kalmış ve Erme-niler çekildikten sonra köye avdetlerinde harabe ve cenazeden başka bir şey bulamamışlardır.

b) 4 Ağustos 1336 tarihinde Zivin karyesine tecavüzle iki yüz inek ve öküz ve yirmi at ve birçok kıymetli eşya gasp ve karye halkından sekiz kişiyi bir saman ambarına doldurarak yakmışlardır.

Yine bu tarihlerde Demirkapı karyesine hücum ederek bütün erkeklerini itlaf ve yirmi kadının ırzlarını payimal etmişlerdir.

c) Merdenek ve civarında bulunan Bozguş ve Mihnel ahalisi Ermenilerin yaptığı mezalim ve kıtalden dolayı Oltu cihetlerine hicret etmekte iken Arsenik civarındaki Kârcoku boğazında ve Dartıl deresinde Ermenilerin tecavüzüne uğramış olan yirmi sekiz İslâm cenazesini defnetmişlerdir.

d) Bir Ermeni'nin ifadesine nazaran, Kasap Paşa namını almış olan Mazmanof Allahu Ekber dağı civarında Ayı deresi denilen mahalde bir mağara içinde muhacir İslâm göçmenlerinden seksen kişiyi parçalatmak suretiyle katlettirmiştir.

h) Kosor nahiyesine ait Ekidkum, Kârkılık, Heybesor, Balkaya, Ağundur, Ersenik, Köşk, karyeleri Ermeniler tarafından tahrip ve ihrak edilmiş ve bundan maada Kosor nahiyesini teşkil eden mütebaki otuz bir pare köyün de emval ve hayvanatı ve bir çok nakit ve kıymetli eşyası gasp ve yağma olunmuştur. Mezkûr köylerden perakende suretiyle beş yüzü mütecaviz İslâm katledilmiştir.

v) Bu mıntıkadaki Ermeni vahşet ve mezaliminden kaçarak Oltu'ya gitmek isteyen kırk arabadan ibaret muhacirîn kafilesine Ermeniler Nikek önünde şose üzerinde iken top ve makinalı tüfek ateşleri açarak iki yüzü mütecaviz erkek, kadın ve çoluk çocuğu alçakçasına imha ve üç bin mevaşiyi ve bilumum nukud ve eşya ile arabaları gasp eylemişlerdir.

Bu cinayetler, alay kumandanları Mirmanof ve Mazmanof ile çeteci Oltulu Kör Artin'in oğlu Murad Han ve Muşlu Pilos) ve Aş Bedros nam eşhas tarafından idare ve icra olunmuştur. (Ermeni mezalimi dosya-1)

z) Zek karyesi ahalisinden olup Ermenilerin taarruzu

üzerine Ala Kilise'ye nakil ve orada ikamet eden on sekiz Müslüman 19 Haziran 1336'da Ermenilerin Oltu'ya taarruzları sıralarında ekin biçmek bahanesiyle Ermeni jandarmaları tarafından kaldırılarak götürüldükleri ve Subasan boğazında önlerine çıkan müsellah Ermeni askerleri tarafından orman içerisine sokularak bunlardan on yedisi ağaçlara bağlandıktan sonra feci bir surette öldürüldükleri, o sırada her nasılsa çalılar arasına saklanarak kurtulan ve bilahare Bardiz'e firara muvaffak olan Kezban nam kadının ifadesinden ve ayrıca yapılan tahkikattan anlaşılmıştır.

c) Oltu sancağına tâbi Olur kazası dahilinde ber-vech-i âti köyler Ermeniler tarafından 1336 senesi bidayetinden itibaren Türk ordusunun buraları tahlisine kadar daima tecavüzata maruz kalmış ve kısm-ı a'zamı top ateşi ile tamamen bir miktarı da kısmen tahrip olunmuştur. Bu köylerin ahalisinden iki bin sekiz yüz otuz iki kişiyi mütecaviz İslâm Ermeniler tarafından kurşun ve balta ile ve kısmen ihrak suretiyle katl ve imha edilmiş, eşya ve mevaşisi kâmilen yağma olunmuştur.

Köylerin isimleri: Pertuvan, Hanımköy, Kaban, Necerek, Kuzukum, Kazıhan, Eğri Kilise, Sakorbet, Köprübaşı, Yukarı Panaskert, Aşağı Panaskert, İdrak, Yukarı Kızılköy, Aşağı Kızılköy, Keleşut, Kab, Menek, Gulager, Kesmane, Bertanus, Azdadab, Maydos Kâmis, Arköviş.

5. Kağızman, Iğdır, Erivan, Zengibasar Havalisindeki Mezalim

a) Kağızman civarında Ova köyünden Ermeni eşkıyaları tarafından dört yüz kadar mevaşi sirkat edilmiş, Ermeni hükümetinin de, eşkıyaların da bu gibi işlerde tahakkuk eden iştiraki dolayısıyla İslam ahalinin vuku bulan şikayetleri nazar-ı itibara alınmamıştır.

b) 30 Mart 1336'da Kağızman civarında ve Aras'ın şimalindeki Şorlu karyesine gelen kırk kişilik bir Ermeni kuvveti gündüzleri Araş geçidinden gelen ve giden Müslüman yolcularını yakalayıp şehit eylemiş ve geceleri de muhtelif yollarda pusu kurarak vahşet ve melanetlerini icra eylemişlerdir.

c) Mayıs 1336 nihayetlerine doğru Ermeniler Uluhanlı civarında Karadağlı İslâm karyesi ahalisini cebren köylerinden çıkarıp eşyalarını talan ve kendilerini hicrete icbar etmişlerdir.

d) 23-24 Mayıs 1336 saat 9'da üç yüzü mütecaviz Ermeni süvarisi Uluhanlı'nın 5 kilometre şimalinde Cebeçalı karyesini muhasara ve eli silah tutan İslâmları bir araya toplayarak tekmil bunları süngüden geçirmişlerdir.

h) 27 Haziran 1336 gecesi Hacı Bayram ve Hayberbeyli karyelerine Ermeniler baskın yaparak ahalinin, emval ve eşya ve mevaşisi tamamen yağma edilmiş ve kısm-ı a'zamı öldürülmüş, katliamdan kurtulan az bir kısmı da Aras nehrinden geçerken Ermenilerin baskını üzerine fark olmuşlardır.

v) İslamları imha için her saniye bir fırsat bekleyen Ermeniler, 2 Temmuz 1336'da Iğdır garbında Kulp mıntıkasına taarruz ederek ahaliden üç yüz kadarını şehit etmişlerdir.

z) 19.6.1337'de Ermeniler Zengibasar mıntıkasını işgal ettikten sonra ahali-i mahalliyeden bir kısmını makinalı tüfek ve tüfek istimaliyle şehit etmişler ve bin beş yüz kadar çoluk çocuğu da Aralık nahiyesine kaçarken yetişerek suya gark eylemişlerdir. Bunlardan ancak pek azı kurtulmuştur.

h) Azerbeycan'a ve sair mahallere gitmek üzre Erivan'daki Azerbaycan sefirinin vesikasını hamil olarak Erivan civarından trenle Gence'ye hareket eden beş yüz Müslüman Gümrü civarında vagonlarından indirilerek kâmilen katledilmişlerdir.

6 Nisan 1336 rapor tarihi:

t) 6 Nisan 1336 senesi zarfında Ermeniler Zengezor, Ordubad, Vedi menatıkındaki İslam köylerine sunuf-ı muhtelifeden mürekkep muvazzaf kıtaatla taarruz ederek zulüm ve vahşetin en menfur şekillerini, beşeriyetin nefret edeceği denaetleri irtikap etmişlerdir.

İslamlar namus ve mukaddesatlarını müdafaa için merdane mukabele eylemişlerdir.

y) Erivan şehrinin on beş dakika mesafesinde kâin Haç Aparah karyesindeki İslâm ahaliye Ermeniler 16 Nisan 1336 gecesi taarruz ve ahaliyi katliama teşebbüs etmişlerdir. Bu vahşet-i zalimaneden kaçıp kurtulamayan altı erkek kamalarla katledilmiştir. Kadın ve kızların ismeti payimal olunmuş ve bilahare cerh veya katledilmişlerdir. Evler kâmilen talana uğramıştır.

k) 17.9.1335 tarihinde Ermeniler Iğdır'a altı kilometre şarkındaki Oba karyesinin ahalisini tamamen ve bu karyeye bir kilometre mesafede bulunan üç yüz haneli Yağcıkarye ahalisini de kısmen feci bir surette katletmişlerdir.

l) Iğdır mezalimine karşı isyan eden o civar ahalisi müsellehan Iğdır üzerine yürüyerek 21.9.1335'de Iğdır'a girmişler, top ve makinalı tüfek iğtinam eylemişlerse de Ermenilerin mukabil taarruzları üzerine Iğdır'ı terk etmişlerdir.

m) Ermeniler bu tarihlerde Çömkan ve Bavli İslâm aşiretlerine taarruz ederek bunlardan 34 şehit ve 34 yaralı verdirmişlerdir. Ermeniler bir taraftan bu hunharane ve müselsel cinayetler ve katliam programlarını tatbike devam ederken diğer taraftan da hileli ve iğfalkâr beyannamelerle Osmanlı toprağında kemal-i emniyet ve vifak ile sükûn ve refah-ı tâmm içinde yaşayan Kürt dindaşlarımızı kandırmak teşebbüslerine giriştikleri ve en menfur ve muhteris bir lisan ile uydurulan tezviratın vesile-i iğfal olarak kullanıldığı görüldü.

Bundan bir numune:

Iğdır'daki Ermeni kumandanının Bayazıt livası dahilinde Muson nahiyesi aşairine gönderilen 15 Mart 1336 tarihli beyanname sureti, (hülasa)

Ey Kürtler,

Biz Ermenilerle Kürtler binlerce senelerden beri toprak ve su kardeşi ve komşu olarak yaşamışız. Türkler aramıza

girmezden evvel, bizim ecdadımız uzun müddet birbirleriyle
kirve olmuşlardır. Hiç kimsenin ve hiç bir tarihin inkâr edeme-
yeceği bir hakikattir. Fakat son zamanlarda Türkler dışarıdan
gelerek aramıza fesat tohumunu ektiler. Ve kurdukları tuzak-
larla bizleri birbirimize düşürdüler. Rahatımızı bozdular. Ken-
di menfaatleri için her iki taraftan bir çok günahsız kanların
dökülmesine sebep oldular. Bunun için her iki taraftan bir çok
günahsız kanların dökülmesine sebep oldular. Bunun için size
hitap ederek beyhude yere kan dökülmemesini teklif ediyo-
rum. Size son sözüm acele ediniz, menfaatinizi ayak altına
almayınız. Bundan sonra Ermeni ve Kürt kanı dökülmesine
Allah razı değildir. Ordum henüz işe başlamadan uyuşmak
üzre kendi tarafınızdan benimle konuşmak için adam gön-
dermenizi teklif ederim. Aksi takdirde başlayacak bir muha-
rebede arzumun hilafında şedîden muamele etmeye mecbur
olacağım. Emin olunuz ki bu dahi hakkınızda hayırlı olmaz.

Mazlum İslâmlar hakkında gittikçe artan Ermeni mezalim
ve fecayii ve hududumuz dahilindeki sükun ve asayişi, vifak
ve vahdeti bozmaya çalışan müfsitleri ret ve takbih etmek ve
ahali-i İslâmiyenin âlâm ve heyecanını teskine hâdim olmak
üzre Erivan'daki Ermeni Cumhuriyeti askerî kumandanlığı-
na, âtideki mektup gönderilmiştir:

On beşinci Kolordu
Kumandanlığı
15. K. Kumandanı Kazım Karabekir Paşa tarafından

Erzurum
21.3.1336

Erivan Cumhuriyeti Askerî Kumandanlığına

Ermeni hükümeti dahilinde kalan İslâm ahaliye öteden beri
yapılan mezalim ve kıtal gayet sahih malumatla tevsik edilmiş
ve Ermeniler tarafından bu mezalimin yapıldığı Erzurum'da-
ki İngiliz mümessili kaymakam Mister Ravlenson'un şahadet

ve ifadesiyle de teyit edilmiş ve evlat ve iyalini, mâl ü menâ-lini zayi ederek aç ve perişan surette bize iltica eden binlerce muhacirleri Amerika'nın General Harbord hey'eti dahi gör-müş ve bu mezalimin şahidi olmuştur. Hatta kıtaat ve ahali-mizin gözü önünde bile birçok İslâm köyleri top ve makinalı tüfekle mücehhez Ermeni kıtaat-ı askeriyesi tarafından tahrip ve imha olunmuştur. İşbu harekâta nihayet verileceği ümit edilmiş iken maatteessüf 1336-1920 senesi Şubat iptidasından beri bilhassa Şuregel, Akbaba, Zarşad ve Çıldır mıntıkasındaki ahali-i İslâmiyeye yapılan mezalim daha ziyade arttırılmıştır.

Mezkûr mıntıkada bir çok İslâm köylerinin tahrip ve bin-lerce nüfusun katl ve birçok eşya ve hayvanatın gasp edildiği ve genç İslâm kadınlarının alınıp Kars'a ve Gümrü'ye götü-rüldüğü ve bu köylerden kaçan yüzlerce kadın ve çoluk çocu-ğun da dağlarda donup öldükleri ve İslâmların mal ve ırz ve namuslarına yapılan bu tevacüzün hâlâ devam etmekte oldu-ğu mevsuken haber alınmaktadır. Din kardeşlerine karşı yapı-lan bu şenaat ve fecaati işiten bütün müslüman ahali ve efrad-ı askeriye ve bilhassa akraba ve kabilelerinden bir çoğu idare-niz altındaki mahallerde bulunan aşair halkı fevkalade gale-yan ve heyecana gelmiştir. Ve ahiren kumandanlarınızın ve memurlarınızın imzalarıyla hudut civarında öteye beriye atı-lan ve gönderilen ve güya Kürtlerle Ermenilerin itiraf ettikle-rine ve ayrı bir Kürdistan hükümeti teşkil edildiğine, Van, Bit-lis, Erzurum ve Trabzon'un Ermenilere verildiğine dair olan ve umum İslâm arasına tefrika ve nifak sokmak mahiyetin-de bulunan beyannameler Şerif Paşa ve emsali gibi vicdanını düşman paralarına satmış olan vatan haini kimselerin hiç bir hakk-ı vekâleti haiz olmadığı ve Kürtler namına söz söyleye-meyeceği ve Kürtlerin hiçbir suretle camia-yı Osmaniyeden ayrılamayacakları, bütün Kürtler tarafından her tarafa ve bil-hassa İtilaf hükümetlerine müteaddit defalar ilan ve Şerif Paşa ve emsali tel'in edilmiş olduğundan büyük bir hiddet ve nef-retle karşılanmış ve bu haller de mevcut olan galeyan ve heye-canı teşdit eylemiştir. Ermenilerin yapmakta olduğu mezalim dolayısıyla efkâr-ı umumiye-i İslamiyede hasıl olan galeyan ve heyecanın teskinine çalışılmakta ve halk sükunete davet edilmekte ise de heyecanın teskini ve halkın te'mini için mezalim ve kıtale nihayet verdirilmesi ve İslâmlardan alınan eşya vesairenin iade ve zararların tazmin edilmesi ve İslâmların ırz, namus, can ve mal ve her türlü hukuklarının muhafaza altına alınması Ermeni hükümetine teveccüh eden bir vazifedir.

Her millet gibi Ermeni milletinin de hakk-ı hayat ve istiklal-i idareye malikiyeti, en zayıf ve en tehlikede bulunduğunuz bir zamanda bile hükümet ve milletimizce te'min edilmişti. İki sene evvel Erzurum'un istihlasını müteakip ileri harekâtta kıtaatımla oralarda bulunurken mevcudiyet-i milliyenize karşı gösterdiğim adl ü şefkat hatırlarınızda olacağından bu vesaya-yı halisanemin de samimi telakki buyurulacağını ümit eyler ve hürmetlerimi takdim eylerim

On beşinci Kolordu Kumandanı Mirliva
Kazım Karabekir

Ermeni mezalimi Türk ordusunun bu mezalime sahne olan mıntıkayı işgaline kadar lâ-yenkati ve en feci şekillerde devam etmiştir.

EK: 1
BİR RUS GENERALİNİN YAZDIKLARI

Balkan Harbi'nden sonra Alman Islah Heyeti içinde Genel Kurmaylığımızın İstihbarat Şubesi'nin başına geçirildim. Artık resmî vazife olarak Rusya ve Ermenilerle de yakından uğraştım. İşte bu sırada Rus masasını idare eden Binbaşı Sadık Bey, eline geçirdiği Rusça pek mühim bir eseri bana gösterdi. Bu eserin adı, "Van ve Bitlis Vilayetleri İstatistiği"dir. Bunu Sadık Beye tercüme ettirerek Askerî Matbaa'da 1914 yılında, Birinci Dünya Harbi'nden önce bastırıp ilgili makamlara yayımladık. Kitabı yazan bir Rus Kurmay Generalidir. Bu iki vilayette beş yıl ve resmî vazife ile bulunmuş ve dolaşmıştır. 1899'da Van'dan Rize Konsolosluğuna tayin olunmuştur. Bu eseri Ruslar, gayet mahrem sayarak ancak muayyen şahıslara mahsus olmak üzere bastırıp dağıtmışlardır. Ermenistan'ın muhtariyetinden korkan Ruslar, hakiki durumu olduğu gibi göstermişlerdir.

Küçüklüğümde ancak o gözle tanıdığım Doğu vilayetlerimizin durumunu bu eserden öğrendikleri sonradır ki büyük vazifelerle o mıntıkalarda bulundum. Benim söyleyeceklerim de bunun aynı olacaktır. Bunun için mühim yerlerini kaydediyorum:

RUS KURMAY GENERALİNİN YAZDIĞI "VAN VE BİTLİS VİLAYETLERİ İSTATİSTİĞİ"NDEN BÖLÜMLER

Türk vahşetine hiçbir yerde tesadüf edilemez. Türk vahşeti bir hakikat olmayıp bile bile uydurulmuş siyasi bir hikayedir.

Çünkü, ekseriya göz önünde cereyan eden vakalara dair Avrupa matbuatındaki bizzat müşahede edenler imzasıyla yazılan satırları okuyunca insanın göz önüne inanamayacağı geliyor.

Hakikat gözüyle bakıp da hakikati olduğu gibi söylemek icap ederse, Doğu'da vahşeti müslümanlar değil Doğu hıristiyanlarının yaptığını itiraf etmek icap eder. Her türlü fenalığı Doğu'daki hıristiyanlar irtikap etmiş, sonra da himayesiz müslümanların başına yüklemişlerdir.

Bir Türk'le bir Ermeni bir iş görecek olsa, Doğu hıristiyanlarının göz içinden fikir anlamak derecesinde yaltaklanmalarına karşılık bu Türklerden namus ve doğruluk görür. Eğer bir Türk'ten bir iş sözü alacak olursa, emin olmalıdır ki bu söz en kuvvetli noterlerin tasdikini içeren kontratodan daha sağlamdır.

Avrupa'nın bunca yıllardan beri ıslahat yaygarası Türkiye'nin tedricî olarak parçalanması maksadına matuftur. Islahat ne kadar radikal olursa Türkiye arazisinin bir parçasının, başkasının eline geçmesi o kadar çabuk olur"

Kürtlerle ilgili bir şey okunduğunda ilk defa göze çarpan şey "Kürtler hırsızdır, eşkiyadır, yağma ile geçinen adamlardır." Bunun sebebi, Kürtlerin içine sokulup araştırma yapmak isteyen Avrupalıların çoğu, yalnız soyulmak değil hayatlarını da tehlikeye koymuşlardır. Hakikaten Kürtler, aralarına girmek isteyen her türlü yabancıya dostça muamele etmezler. Bu terbiye Kürtlerin hassalarındandır. Hükümetin müsaade ve himayesi olmaksızın Kürtlerin arasına girmek isteyen her Avrupalının, sonunun hayırlı olmayacağını önceden kesin olarak bilmesi gerekmektedir. Bilakis Hükümetin müsaadesiyle seyahat etmek, Avrupalının yanına bir iki jandarma katılınca, bütün seyahat müddetince hayatından emin olabilir.

Bir de istisnasız bütün Kürtlerin Ermenileri mahvetmek için uğraştıklarını iddia eden muharrirlerin iddiası tamamıyla yalandır. Eğer o iddiaları doğru olsaydı, Kürtlerin arasında diğer milletten hiç kimsenin yaşamaması lazım gelirdi. Bunların arasında yaşayan diğer milletlerin ya kamilen Kürtlerin esiri olması ya da bir lokma ekmek tedarikinden aciz kalarak tamamen hicret etmeleri iktiza ederdi. Halbuki bu iki şıkkın her ikisi de mevcut değildir. Tersine olarak Doğu vilayetlerini iyi tanımış olan her şahıs itiraf eder ki bu havalideki hıristiyan köyleri Kürt köylerinden her hal(ükar)da daha zengin ve daha rahattır.

Eğer Avrupalıların dedikleri gibi- Kürtler hırsız ve eşkiya olsaydı hiçbir vakit mümkün olamazdı.

İşte bu veçhile 1895 yılına kadar Ermenilerin Türkiye'deki sıkıntılı durumları hep hayali ve uydurma hikayelerdir. Türkiye'deki Ermeniler, diğer yerlerdeki Ermenilerden daha kötü bir halde değildiler. Ermeni ihtilalcilerinin yağma ve kıtal diye bağırdıkları gibi haller, çoğunlukla Kafkasya'da olagelen şeylerdir. Hayvanları sürüp götürmek meselesi de Rusya'nın muhtelif yerlerindeki hayvan hırsızlıklarından başka bir şey değildir. Mal ve can emniyetine gelince; Türkiye'de Hükümetin nüfuzu geçen yerlerde Elizabetpol vilayetinden[10] daha emin idi.

1895 ve 96 yıllarında Kürtler hiç şüphe yok ki Ermeni ahalinin düşmanıydılar. Fakat bu mesele iki kavmin arasında sürekli bir düşmanlığın varlığına hiçbir zaman delalet etmez.

---

10 Azerbaycan'ın Ermenistan'a yakın bir ili, diğer adı Gence.

Çünkü bu vakalar komitecilerin hayalhanelerinde tasarlanıp fiilen işlem yerine konan bir komediden ibarettir. Vakaların en dehşetli zamanlarında bile bunca yıllardan beri yağma eden ve eşkiya diye şöhret bulan Kürt ağalarından bir kısmının Ermeni fakirlerini himayeleri altına aldıkları görülmüştür. Ermenilerin "Yol Kesen" adını verdikleri Kürtlerle pek dost olarak yaşadıklarına bundan daha kuvvetli delil olamaz. (Bir takım misaller zikrolunmaktadır.)

1895 ve 96 yılları Kürtlerin Ermenilere karşı gösterdikleri düşmanlığı yalnız dış şekli itibariyle muhakeme etmemelidir. Bir muhitteki kendi dindaşları arasında, kana karşı kanla intikam almak adet hükmüne geçmiştir. Bu halk arasında Hristiyanların döktükleri Müslüman kanına karşı ne ile intikam alır?

Bir de Ermenilerin telef ettikleri İslâm cesetleri üzerinde yaptıkları vahşetler de -bazı uzuvlarını kesip ağzına koymak gibi-[11] ne derece gazap ve intikamı davet edeceği düşünülmelidir.

1895'de Van'a varıldığı vakit Ermeni-Kürt münasebetleri lazım olan hadden fazla iyiydi. Türkiye'nin birçok yerlerinde bu iki kavim birbiriyle çok zaman dost geçinmiştir. 1895 yılı sonunda bu münasebet birden bire aksi şekil aldı. Komitecilerin Kürtleri Ermenilere karşı kışkırtması sonucunu göstermeye başladı. Halbuki 1897'de artık Ermeniler, Kürtleri öfkelendirecek komitecileri defetmiş olduklarından tekrar Ermeni-Kürt münasebetleri eski halini alıp düzelmeye başlamıştı. Nerede komitacıların varlığı hissolunuyorsa buralarda hükümeti zor duruma sokan bir dizi Ermeni olayları sürüp giderdi. Bundan sonra Ermeni işlerini idare edenler hiç olmazsa kısmen olsun Kürtleri kendilerinden yana çevirmeye çalışmaktadırlar ki, bu da Ermeni meselesinin henüz lüzumu derecede belli olamayan diğer bir safhasını teşkil edecektir.

Kitapta gösterilen bir çok misaller arasında 1896 yılı Van vakasında Karçkan nahiyesinde Kürt Musa Bey'in yanına

---

11 Ermeni komiteleri I. Cihan Harbi'nde Şark vilayetlerimizde ve Mütareke zamanında Kars vilayetinde aynı vahşetleri yapmışlardır. Demek öteden beri böyle işlerden zevk alıyorlarmış.

sığınan bir çok Ermeni arasında iki de bakire kız kardeşin durumları zikre değer: Bu satırları aynen kaydediyorum:

"Avrupa'da söylenildiği gibi rahat yüzü görülemeyen Türkiye'de iki bakire kız kardeş, İstanbul'u terk edip ufacık sermayeleriyle Kraçken gibi bir köyde bütün Kürt eşkiyası arasında ticaret için tefeciliğe başlamışlardır. Bu bir hakikattir ki Kürtler ve bütün Türkiye Avrupa'nın hayal ettiğinden pek uzaktır."

ERMENİLER

Bu kitabın Ermeniler hakkındaki sözlerinden parçalar:
"Bütün Doğu vilayetlerinde bulunan Ermeniler eskiden beri ahalinin zengin tabakasını teşkil ederler. Bunlar her türlü sanat, ticaret ve çiftçilikle uğraşırlar. Çiftçilik köylülere mahsustur. Ermenilerde en çok göze çarpan tabiat, çoğunun aşırı derecede mevki sahibi olmasını sevmeleridir. Halbuki buna zerre kadar hak gösteremezler. Fakat genel olarak yaratılışlarında bir arzu varsa o da maddi servet toplamaktır. Bu hususta kendileriyle rekabet edecek pek az millet bulunur. Bütün Ermeniler hürmete şayan derecede tutumlu oldukları gibi şaşılacak derecede müstesna bir muvaffakiyetle gündelik mecburi giderlerini en az dereceye kadar kısmayı bilirler. Bunlar gerek yiyecek gerek giyecek hususunda pek seyrek harcama yaparlar. Ne kadar zengin olsalar zevk ü safa hususunda elleri pek sıkıdır.

Bütün Ermeniler çalışkandırlar. Şehirli Ermeniler kendileriyle ciddi rekabet edebilecek Rumların bulunmadığı şehirlerde ticareti tamamen ellerinde bulundururlar. Sanat ve ticaret sahibi olan Ermeniler her şeyden önce ticaretleri için müsait yerler olan şehirlerde topludurlar.

Şehirli Ermeniler yakın zamandan beri bazı özel tabiatlar edinmeye başlamışlardır. İlk derecede olsun okul görmüş olan bir Ermeni, Milletinin gördüğü politika hakkında son derece geniş bilgi sahibidir. Şöhret sahibi olmak, yüksekten atıp tutmak, yalnız kendi fikirlerini beğenmek ve bir de Ermenilerin yeniden doğacak olan siyasi önem kazanacakları fikri bunların hepsinde vardır.

Şehirli Ermeniler, hele gençleri her türlü politika ile uğraşırlar. Her türlü politika aleminin bütün inceliklerini bilir görünmek merakı vardır. (Son Ermeni nesli hemen hepsi güzel konuşabilme hastalığına müpteladırlar.)[12] Düğün, vaftiz, cenaze gibi içtimai ve dinî törenlerde yirmi otuz Ermeni bir yere gelip de içlerinden bir çok hatipler çıkıp söz söylememesi vaki değildir. Son Ermeni neslinin hepsinin en önemli düşüncesi tesirli bir hatip olmaktır. Son zamanlarda Ermeni ihtilalcilerinin pek çoğu, milletin hakiki ihtiyacını bilmemek yüzünden parlak söz söyleyenler de, onları dinleyenler de pek çok çekmişlerdir. Türkiye'de mahvolan şehirli Ermeni ihtilalcileri arasında hakiki vatansever görülemez.

Ermeni eşkıya çeteleri kimlerden kurulmuştu? Vatanın selametini, kendi aile ocağını ve dinini müdafaa edenlerden mi? Hiç bir vakit! Hemen çok defa bir şey öğrenmeyen şehirli gençleri ki, ancak tanınmış komitecilerin parlak sözleriyle alevlenerek ve genel surette en basit meseleyi bile göremeyecek olan cahillerinden ibaretti. Çünkü yaptıkları hareketle vatandaşlarını selamete değil, felakete sevk ediyorlardı.

1895 yılında Ermenilerin büyük kısmı, bu komitecileri hem millet kurtarıcısı diye yücelttiler hem de bunlardan veba kadar korktular. Türkiye'deki Ermenilerin çekilmez hali denilen şikayetler, asla şehirlileri için değildir. Çünkü bunlar her zaman serbest olup her hususta fazla menfaatli idiler. Köylüler ise gerek çiftçilik ve gerek sulama sanatını tam bilmeleri sayesinde Türkiye Ermenilerinin hali orta, Rusya'daki köylülerin halinden pek çok iyi idi.

1895 ve 96 yıllarında Ermeni komiteleri Türk ve Kürtlerle Ermeniler arasına öyle bir soğukluk soktular ki artık hiç bir türlü ıslahat ve havalide kurulamaz.

Ermeni Ruhani başlarına gelince, bunların din hususundaki çalışmaları hemen hiç gibidir. Fakat buna karşılık Milli

---

12 Büyükada'da eşeklerle malum olan dolaşmalarda arkadaşlar arasında yapılan yarışmalarda "Ha babam ha!.." diye bağrışmaları kaba bulan Paris görmüş bir Ermeni'nin "Ha pederim ha!.." diye bağırdığı misal olarak söylenir.

fikirlerin gelişmesi hususunda pek çok hizmetleri geçmektedir. Yüzlerce yıllardan beri bu gibi fikirler sır dolu manastırların sükunetli duvarları arasında gelişmiştir. Buralarda Ruhani ayin yerine Hıristiyanlık-Müslümanlık din düşmanlığı yer tutmuştur.

Okullar ve kilise okulları, bu hususta ruhanî başlara pek çok yardım etmişlerdir. Zaman geçtikçe dinî taassup yerine milli duygular yer tutmuştur. Ermeni kalbinde de dinî duygular pek az yer tutar. Onun için Ermeni komiteciler, papazları hemen daireleri içine almaya muvaffak oldular. Türk ve Kürtleri son derece nefretle saydılar.

Batılı diplomatlar da kendi bakış açılarına göre, bu milliyet kavgasından pek gaddarca bir şekilde yararlanmaya kalkışmışlar, Ermenilerin milli duygularını kışkırtarak, hiç sıkılmadan Türkiye'de bir Ermeni meselesi icad etmişlerdir."

EK: 2

MUSUL KONUSUYLA BAŞLAYAN TARTIŞMA

Salonda, Fethi Bey de eşiyle mevcuttu. Gazi: "Haydi size yukarı katta kütüphanemi gezdireyim" diyerek Fethi Bey'le beni beraberine alarak yukarı çıkardı.

Latife Hanım'ın da bir çok zarif ciltli, kıymetli kitaplarını taşıyan ve bütün duvarları kaplayan kitapları temaşa ederken Gazi dedi ki: "Musul hakkında Haliç Konferansı'nda Fethi Bey siyaset yolu ile muvaffak olamadı. Sıra Karabekir'e geldi. O, bu meseleyi asker kuvvetiyle başaracaktır!" Ben, "İngilizlere harp açmak, felâketli bir iş olur. Yunanistan'ın yapamadığını bu sefer İtalyanlara teklif edebileceklerini hesaba katarak İzmir Harp oyununda tehlikeyi belirttiğiniz halde, şimdi böyle bir istilaya kendimizin sebebiyet vermemesi doğru olur mu?

Lozan'da Musul meselesinin halli sonraya, fakat siyasi bir yoldan halle bırakılmadı mı? Bu meseleyi daha öne alarak, Hilafetin lağvında acele buyurulmamalı idi. Eğer mütalaam sorulsaydı, belki bu teklifimi siz de kabul buyururdunuz. Bugün İstiklal Harbi zamanından daha zayıf bir halde olduğumuzu iddia edebilirim. Herhangi bir muvaffakiyetsizliğin, bilhassa Kürtlük mıntıkasındaki akisleri pek zararlı olabilir. Doğu'nun ıslahına yazık ki hiç ehemmiyet verilmiyor. İçtimai düzenimiz dolayısıyla ahlaki durumumuz da, günden güne her tarafta bozuluyor."

Benim gazi ve müşirliğimden bahseden albümü bana göstermekten bir maksadı da galiba Beni Musul hareketini yapmaya iştahlandırmak olacaktı. Buna kıymet vermediğimi görünce, işi kısa keserek dedi ki:

"Sen bu işleri İsmet ve Fevzi Paşalarla görüşürsün. Haydi artık salona inelim!"

Benim neler anlatacağımı Gazi aracı kişilerden öğrenmek istiyordu. Fakat mutavassıtlar bilmem aynen söyler miydi? Kendisi emrine râm birçok yeni mebusların yaptıklarından ve atılan vakitsiz ve düzensiz veya yanlış adımlardan, halkın ruhunda yarattığı isyanı anlamayacak kadar gurur ve alkol sarhoşluğundan dimağı hasta mı idi? Ben bilhassa en yakın amirim ve eski bir arkadaşım olmak dolayısıyla Fevzi Paşa ile sık sık ve hayatımın en samimi arkadaşlarımdan biri olan İsmet Paşa ile de her fırsatta görüşür, düşünce ve görüşlerimi apaçık anlatırdım. Halkın mukaddes duygularının nasıl hırpalandığına yeni bir misal de çok geçmeden ortaya çıktı:

Maarif Vekili Vasıf Bey, sinema gazinosunda -şimdiki Şehir lokantası yerinde idi- rakı istiyor! Ramazan içindeyiz. Garson şu cevabı veriyor:

"Ramazan'a hürmeten polis, açıkça içki içmeyi yasak etti. Rakı getiremem!"

Bu cevaptan hiddet buyuran bu zât, garsona bir tokat atıyor ve kendisinin Maarif Vekili olduğunu söylüyor!..

Garsonlar da ona karşı grev yaparak, hiç biri masasına servis yapmıyorlar. Halkın ve garsonların gülümsemeleri ve aşağılayıcı bakışları altında, Maarif Vekilimiz sıvışıp gidiyor.[13]

Başka türlü yolsuzlukların da bazı vekâletlerde vukûu, halk arasında çok fena sarsıntılar yapıyordu. Aklı başında olan bir çok kimselerden ayıplamayı duyuyordum:

"İstiklal Harbi'ni bunun için mi yaptık?"

Gazi yemekte ve sonra Cumhuriyet Orkestra şefi Zeki Bey

---

13 Bunun daha sonraları ne derecelere çıktığını da işittik. Bu hususta günü gününe hatıralarını yazanlar da olduğunu öğrendik. İbret için milletin huzuruna konulmasını şerefli bir vazife saymalıdırlar.
Ben gençliğin terbiyesi ve milli bünye ve seciyemizin kuvvetlendirilmesi vazifesi olan maarifimiz hakkında hayli yazdığım ve söylediğim için, burada misal olarak Maarif vekilini gösterdim. İzmir İstiklal Mahkemesi'nde dahi bilhassa maarifimizin yıkıcı ellere verilmesinden duyduğum teessürü söyledim.

idaresinde, dört kişilik bir oda musikisinin lâtif konserini din-
lerken, samimî ve ciddî bulundu. Musul meselesinin siyasî
yoldan hâllolunamayacağını Fethi Bey'in tekrar tekrar beyan
ettiği, Haliç Konferansı'nda, İngiliz delegelerinin sözlerinden
anlaşılıyordu. Daha ilk sözde:

"Musul, Kraliyet hükümeti için pek lâzımdır" diye ilk ve
son sözlerini söylemişler!

Fethi Bey'in:

"Bizim cumhuriyet Hükümeti'miz için de, pek lazımdır"
tarzındaki cevabına hemen yine aynı cevabı vermişler.

Gazi Fethi Bey'i dinledikçe düşünceye dalıyordu. Bilmem
Hilafeti lağvetmekte acele ettiğini söylememize hak mı veri-
yordu? Yoksa henüz kuvvetini muhafaza eden askerî mantık-
la, işi kuvvetle neticelendirmeyi mi düşünüyordu? Geç vakit,
Fethi Bey eşiyle müsaade alarak kalktı. Ben de artık Gazi'yi
kendi kafasıyla yalnız bırakmayı muvafık görerek, müsaade-
lerini alarak ayrıldım.

YİNE MUSUL KONUSU

İsmet Paşa biraz sukuttan sonra bambaşka bir zemine geçti:

"Kâzım, Musul boş! Şunu işgal ediversene!"

"Bu hareket, İngilizlere karşı 'ilansız bir harp' demek olur. Oradaki kıtaları az da olsa, hava kuvvetleri üstündür; kısa bir zamanda takviye edebilirler! Sevk olunacak kuvvetlerimizin muvaffakiyetini de ümit etmem! Fakat işin tehlikeli ciheti, bu hareketin İngilizlerin bütün sahillerimizde faaliyete geçmelerine mucip olur! İşin daha felaketli ciheti de Ermeni ve Yunan ordularıyla yapamadığını, bu sefer Suriye'den Fransızlarla ve İzmir'den de İtalyanlarla yapmaya kalkışmasıdır! İzmir Harp oyununda, İtalyanların böyle bir hareketi misal olarak yaptırıldığı halde, şimdi onun fiilen tatbikini mi görmek istiyorsunuz? Yunanistan bile derhal doğuyu, Trakya'yı işgale can atacaktır. Bu sürede tarihî ayıplarından kurtulmak isteyecektir. Nitekim İzmir Harp oyununda, bu hareket de hesaba katılmıştı.

Bundan başka cihan efkâr-ı umumiyesinde Türklerin her fırsatta harbe atıldıkları ileri sürüleceğinden siyasî ve askerî düzenimiz ve neticede, Musul uğruna kazandığımız İstiklalimiz de tehlikeye düşer. Lozan Muahedesini siz yaptınız. Barış yolu ile hallolunacağını, olmazsa, Cemiyet-i Akvam Meclisi'ne gidileceğini ve askerî harekât yapılmayacağını, siz imzanızla kabul ettiniz! Bu sulh muahedenâmesini Büyük Millet Meclisi de tasdik etti; Reisicumhur Mustafa Kemal Paşa da böyle bir teklifte bulunduğu zaman, ona da uzun uzadıya bu mütalaaları arzetmiştim. Siz hükümet reisi sıfatıyla onun böyle bir arzusuna karşı sulh muahedesinin buna ait olan 3'üncü maddesini okuyarak benim serdettiğim tarzda mütalaa beyan edeceğinize, Musul'u işgal etmeye kalkıyorsunuz! Hem de bunu, bana yaptırmak istiyorsunuz! Benim asıl garibime giden şudur:

Filistin'de hezimete uğrayarak bir solukta Suriye'yi terkederek mütarekeye can atarlar, Anadolu İstiklal Harbi'nin felaketimize sebep olacağı iddiasında bulunur ve Ankara hükümeti şeklinde de Ermenilere karşı hareketin dahi başımıza belâlar getireceği kanaatini beslerken, şimdi İngilizlere ve dolayısı ile bütün müttefiklerine meydan okuyorlar! Bir zamanlar yılgınlık hastalığına tutulanların şimdi gurur illetine yakalarını kaptırdıklarını görüyorum. İstiklal Harbi'ne, elimdeki orduma ve Kuva-yı Milliye'ye güvenerek iş başına getirdiğim arkadaşlarımı, şimdi bu gurur illetinden nasıl kurtarıp işin, millî bir felâkete sürüklenmesini önleyebileceğimi düşünüyorum. Tarihin ne garip cilvesi bu!"

KÜRTLER TEHLİKELİ OLABİLİR

Bu uzun sözlerime biraz da şu malûmatı ekledim:

Öteden beri İmadiye ve Çölemerik civarındaki köylerde 'Londra Başpiskoposu murahhası' namıyla İngiliz misyonerleri Nesturîleri aleyhimize yetiştirmişler ve teşkilâtlandırmışlardır. Cihan Harbi'nde, bunları adam etmek mümkün olamadı. Bunlarla da bize çok zorluklar çıkarabilirler! Bundan başka Kürtlük ıslahı için ilk tedbirler dahi alınmamıştır. Bu hususta, benim de muhtelif zamanlarda mühim tekliflerim olmuştur. Bu Kürtlerle de tehlikeli işler yapabilirler! Bunların İstiklâl Harbi'mizde pek baş kaldırmamaları bizzat aldığım esaslı tedbirlerle beraber, küçüklüğümden beri çevreyi tanıyorum ve bu çevre Cihan Harbi'nde de emrimde bulunduğundan, onlar da beni yakından tanıdılar. Ve mütarekede bana karşı saygılı kaldılar. Onlara karşı, şahsî itimat da, tedbirler kadar tesirli olur! Ne Dahiliye ve ne de Millî Müdafaa Vekâletleri, onlarla bilerek meşgul değillerdir.

Hülasa: Askerî Muvaffakiyet, ümit etmiyorum. İç ve dış siyasi vaziyetlerim felaketli bir şekle sürükleneceğine ise, hiç şüphe etmiyorum! Mustafa Kemal Paşa'ya da söyledim: Siz Musul'u, Hilâfeti lağvda acele etmeyerek her hangi bir şekilde almaya belki muvaffak olurdunuz; fakat Doğu işlerini birinci derecede idare eden bir arkadaşınız sıfatıyla bana bile haber vermeden bir emr-i vaki yaptınız.

Şimdi işi devlet adamlarına yakışmayacak bir tarzda ve hem de işi benim başıma dolayarak halletmek yoluna gidiyorsunuz! Ben kati olarak bu vazifeyi kabul etmem! Size de tavsiyem: Bu uçuruma milleti sürüklemeyiniz! İmzaladığınız

Lozan Muahedesi'nin 3'üncü maddesini tekrar tekrar okuyun ve Mustafa Kemal Paşa'ya da okutun! Bugün bu iş benden ziyade sizin birinci derecede göreceğiniz bir iştir.

SÖYLEDİKLERİM ÇIKINCA

İsmet Paşa, arkadaşlığımızın başından beri benim her hangi bir hâdise hakkındaki mütalaalarımı can kulağıyla dinler ve bana hak verirdi. Meşrutiyetten sonra İttihad ve Terakki erkanının yanlış hareketlerini ve bunun neticesinde İstanbul'da bir irtica hadisesinin çıkacağını, daha sonraları Arnavutların isyan edeceklerini ve hatta cemiyete mensup zabitlerin de bu işlere karışarak çok feci sahneler yaratacaklarını ve bizim bunlara karşı almaklığımız lazım gelen vaziyeti hâdiseler de teyit edince, İsmet Paşa'nın bana olan güveni çok artmıştı.

Harb-i Umûmi'ye takaddüm eden günlerde de yürüdüğümüz yolun varacağı akibeti çizebilmek ve mütarekede İstiklal Harbini kendi gücümüzle başaracağımız şeklindeki iddiamın hakikat çıkması onu bana daha çok bağlamış görünüyordu. Şahısları iyi tanıyarak ve tahlil ederek hâdiseleri vaktinden evvel bulduğum kanaatini hayranlıkla ifade ederdi. Bunu bir münasebetle yukarılarda da söylemiştim.

İşte şimdi tam milletin rahat ederek medeniyet yolunda hız alacağı bir sırada yeni hadiseleri kolay bulduğundan mı, yoksa Mustafa Kemal Paşa'nın kuvvetli iradesine artık oturduğu makamın da nüfuzu eklenerek yeniden daha mı kudretli bir cazibe yaptığından mı nedir; bana karşı mühim hâdiselerde yan çizmeğe başladığı gibi, uzun boylu çene çalarak söylediğim şu Musul hareketini önlemek hakkındaki mütalaalarım da pek hoşuna gitmedi.

Gösterdiği tavırdan ve tek kelime ile mütalaalarıma cevap vermeyişinden bunu anladım. İsmet Paşa, üzgün göründü ve uzun boylu sustu. Bu halde, müsaadesini isteyerek ayrıldım.

MUSUL'UN İSTİRDADI KONUSUNA
FEVZİ PAŞA ŞAŞIYOR

4 Mayıs Ramazan Bayramı'nın ilk günü idi. Reisicumhur Gazi Mustafa Kemal Paşa'yı herkes gibi ben de, Çankaya'daki köşkünde tebrik ettim! Erkan-ı Harbiyye-i Umûmiyye reisi ve Müdafaa-i Milliyye vekilini de makamlarında tebrik ettim. Bugün Fevzi Paşa beni Etlik'de Aşağı İncirlik mevkiindeki köşkümde[14] iade-i ziyarete geldi.

Fevzi Paşa'ya, İsmet Paşa'nın bana Musul'u almayı teklif ettiğini, bunun daha önce de Gazi tarafından yapıldığını anlattım. Hayret etti ve bana şu cevabı verdi:

"Tuhaf şey! Benim böyle bir şeyden haberim yok. Böyle bir hareket yapılacağı hakkında, benimle bir şey görüşmemişlerdi."

Bu cevaba benim hayretim daha büyük oldu. Çünkü, askerî ve siyasî mühim işlerin, bu üç kişi arasında görüşülüp kararlaştırıldığına, geçmiş misallerine bakarak, benim kanaatim vardı. Bunun için, kendilerine kısaca şöyle söyledim: "Paşam, Musul hareketi felâketle neticelenir. Esasen herhangi bir hareket yapmayacağımız hakkında, imzalı ve tasdikli bir muahede ile bütün dünyaya karşı söz vermişizdir! Bu hususta, bilhassa İsmet Paşa'ya uzun uzadıya mütalaalarımı söyledim.

5 Mayıs'ta Gazi Mustafa Kemal Paşa, Müdafaa-i Milliye vekili Kazım Paşa ile köşküme iade-i ziyarete geldiler. Musul işinden kısaca açtım. Renk vermediler. Lozan Sulh Muahedenamesi'nin 3'üncü maddesini önlerine açmıştım. Çok iyi bildiklerini andırır bir tavır aldılar.

---

14 Burasını, tekaütlüğümden sonra hükümet istimlak ederek otomobil kıtasını yerleştirdi.

Bu vesile ile, bu maddeyi aynen buraya kaydediyorum:

MADDE-3

"Akdeniz'den İran hududuna kadar Türkiye'nin hududu aşağıda tesbit edilmiştir:

Evvelâ Suriye ile:

20 Ekim 1921 tarihinde aktolunan Fransa-Tükiye Andlaşması'nın 8'inci maddesinde açıklanıp belli huduttur.

"Saniyen Irak ile:

"Türkiye ile Irak arasındaki hudut dokuz ay zarfında Türkiye ile Büyük Britanya arasında *suret-i muslihanede* (barış ve anlaşma yoluyla) tayin edilecektir."

Tayin olunan müddet zarfında iki hükümet arasında uyuşma husule gelmediği takdirde, ihtilaf, *Cemiyet-i Akvam Meclisi'ne* arz olunacaktır."

Hatt-ı hudut hakkında ittihaz olunacak *karara intizaren Türkiye ve Britanya* hükümetleri mukarrerat-ı kat'iyyesi, bu karara bağlı olan arazinin hal-i hazırında herhangi bir değişikliğe sebep olacak mahiyette hiçbir harekat-ı askeriye veya sairede bulunmamayı, mütekabilen taahhüt ederler."

KÖYLER PERİŞAN

Bu seyahatte köylerimizin temiz olmadığını, bir çoğunun sıtmalı olduğunu, camilerin, mekteplerin havasız ve ziyasız olduğunu, çeşmelerin, kuyuların etrafının batak olduğunu, halkın ve mektep çocuklarının sık sık münevverlerimiz tarafından sıhhî ve içtimai musahabelerle uyandırılmaya muhtaç olduğunu, köylere medeni bilgileri ve milli tarih menkıbelerimizi anlayacakları bir dil ile yazılmış kitaplar dağıtılması lüzumunu, halkla ve çocuklarla konuşarak gördük.

Öteden beri askerî seyahatlerimizde bu medenî borcumuzu da ödemeyi vazife bildiğimden seyahat arkadaşlarım da bu tarzdaki teftiş ve halkla temaslarımdan bu lüzumu gördüler. Merkeze avdetimizde ilgili makamlara bu içtimai durumumuz hakkında lazımı gibi malumat verdik.

6 Haziran, Musul meselesinin Cemiyet-i Akvam'a gittiğini ve bizim baş murahhasın Fethi Bey olduğunu öğrendik.

İşin Lozan Muahedesi mucibince hallolunacağı şıkkına memnun oldum. Sözlerimin iyi kabul edilmiş olmasını düşünerek müsterih oldum.

Gerçi Cemiyet-i Akvam'a giden bu meselenin, elbette ki İngilizlerin istediği şekilde hallolunmayacağına şüphem yoktu. Fakat yukarıda izah ettiğim veçhile, hata, daha önceden yapılmıştı.

İstanbul'daki teftişlerimle de bir kaç gün meşgul olduktan sonra 12 Haziran gece yarısı trenle Ankara'ya hareket ettim. Yolda bazı teftişler dolayısıyla 14 Haziran'da Ankara'ya geldim. 14 Haziran öğleden sonra, Erkan-ı Harbiye-i Umumiye Reisi Fevzi Paşa'yı ziyaret ettim ve İzmir'e "Evlenmek için" izin rica ettim. Fevzi Paşa ahvali karışık gördüğünü, Musul meselesinin Temmuz başında Cemiyet-i Akvam'da müzakeresi ihtimali olduğunu, o zaman İtalyanların bir şey yapmalarından korktuklarını izah ederek bu izinin şimdilik muvafık olmadığını söyledi.

Balıkesir mıntıkasında seyahat ve o mıntıkadaki kolordumu teftiş etmek ve herhangi bir İtalyan çıkarmasına karşı mıntıkamda icap edecek tedbirleri yerinde hazırlatmak teklifinde bulundum. Bunun da münasip olmayacağını, ancak Ankara yakınlarında teftişte bulunmaklığımda beis olmadığını söyledi.

Fazla ısrar etmedim, bir İtalyan teşebbüsünden korkuluyorsa, yerinde tedbir çok mühimdi. Fakat Cemiyet-i Akvam'ın kararını kabul ettikten sonra, ne diye İtalyanlar bize saldıracaktı!

İngilizlerle dostluğumuz devam ettiği müddetçe, İtalyanların daha dün imzaladıkları muahedeyi yırtmaları mümkün olur mu idi?

KÜRTLERİN ISLAHI MESELESİ

Her fırsatta Kürtlerin ıslahı meselesini öne sürerdim. Bugünlerde birçok yüksek rütbeli zabitlerimiz açıkta kaldıklarından, bana şifahi veya yazı ile şikayette bulunuyorlardı. Doğu cephesinden de on beş değerli subayımız bunlar arasında idi. Bunlardan, Kürtlük mıntıkasında kaza kaymakamlıklarında istifade olunmasını evvelce de Erkan-ı Harbiye-i Umumiye Riyaseti'ne teklif etmiştim. 16 Haziran'da bu yeni müracaatlar üzerine, bu teklifimi yeniledim.

19 Haziran'da Dahiliye Vekili Recep Bey (Peker) ziyaretime geldi. Benim kolordu kumandanlığım zamanında bir fırka erkan-ı harbi olduğundan, bana karşı hürmet beslerdi. Şimdi Kürtlük meselesinde, birinci derece selahiyetli ve mesuliyetli bir makama gelmişti. Kendisine, "Kürtlerin ıslahı hakkında verilmiş layihaları tetkik ettiniz mi? Benim de en son vaziyete göre tekliflerim vardı, okudunuz mu? Kürtlük hakkında muhtelif dillerde yazılmış kıymetli eserler, vekaletinizde var mı?" diye sordum. Aldığım cevap bana hüzün verdi: "Dahiliye Vekâlet'inde ne layiha gördüm, ne de Kürtlüğe dair bir eser buldum. Hiçbir şey yoktur. Günlük bilgilerle çalışıyoruz." Ben, "Eski malumatlı memurlarımızın bu hususta bir hayli bilgileri vardır, bunlardan olsun istifade etseniz" dedim. Recep Bey, "Memurlar siyasete karışmış, bazıları İngiliz Muhipleri Cemiyeti'ne de girmiş Yenilerin de bir şey bildiği yok. Gündelik ne iş gelirse, onunla meşgulüz" dedi.

Ben,

"Çok fena, milli hükümetimizin beş yıllık hayatında Kürtlüğe dair hayli işler geçti, hayli lâyihalar verildi. Dahiliye Vekâlet'inin ayrı bir şubesi, hiç değilse ayrı bir masası, sırf

Kürtlük işleriyle uğraşmalı idi. Oraları tanıyan bir kaç kişi, güzel dosyalar hazırlayabilirler ve oraya ait nerede ne varsa toplayabilirlerdi."

Recep Bey, "Böyle ayrı bir masa dahi açılmış değildir. Bu hususta fikrinizden istifade etmek isterim."

DOĞU İHMAL EDİLİYOR

Recep Bey, Dahiliye Vekâletimizin de diğer vekâletler gibi İstiklâl Harbi'mizde bütün işlerini nihayet Batı Cephesine inhisar ettirdiklerini ve müterakki devletlerdeki nezaretlerin mesaisine benzer usule uygun tarzda çalışmadığını anlatmış oluyordu. Yani, gelen evrakı vekil gördükten ve lâzımsa cevaplandırdıktan sonra, her iş bitiyor, evrak da bir yerde gömülüp kalıyordu. Muhtelif yerler ve muhtelif ırklar için mütehassıs şubeler veya masalar kurulmamıştı. Rastgele bir tahsile ve bilgiye sahip olan bir insan da, tabiî Kürtlük veya sair meselelerimizin mazisini bilmediğinden, haliyle uğraşamıyor ve istikbâli için de -düşünmek şöyle dursun- derleyip toparlayamıyordu.

Ben küçüklüğümü de geçirdiğim bu mıntıkalarda, en yüksek vazifeler de almış bulunduğumdan, hangi dilden elime kitap geçti ise topladım. Mühim yerlerinden istifadeler ettim. Gayet güzel resimli ve haritalı Rusça ve İngilizce eserlerim vardı. Bunları Recep Bey'e birkaç gün için verdim ve şu tavsiyede bulundum:

Hemen Kürtlük hakkında her dilden eserleri toplatıp tercüme ettirin. Bilhassa Ruslar ve İngilizler onlara büyük ehemmiyet veriyorlar ve birçok emeller besliyorlar. Bunların eserlerle kendi milletlerine ve cihana neler yaptıklarını bilmekte daha ziyade gecikmemeliyiz. Bir taraftan İstanbul Dahiliye ve Maarif Vekâletlerinde vesair yerlerde, ne kadar malumat ve verilmiş lâyihalar varsa, bunları getirtin. İstiklâl Harbi sırasında verilmiş lâyihaları da toplayın. Kürtlüğe ve Ermeniliğe ait hadiseleri olduğu gibi tespit edin. Bu işlerin başına, oralarda vazifeler görmüş valiler, yüksek memurlar ve erkân-ı harp zabitlerinden kafası işler insanlar getirin! Ve vakit geçirmeden esaslı bir programla ıslahata başlayın. Ben bu hususta istediğiniz malûmatı ve mütalaayı vermek için her zaman hazırım.

EK: 3
DOĞUDAKİ ÇALIŞMALARIM

Bir seneden beri gereği kadar çeşitli işlerde çalışmaya fırsat bulmuştum. 1 Mayıs 1921'den 1 Nisan 1922'ye kadar yani tam bir sene içinde Doğu'daki kurslar, konferanslar, teftişler ve mektepler hakkındaki özeti Genel Kurmay Başkanlığı'na 3 Nisan 1922 tarihiyle takdim ettim.

1 Mayıs 1921 - 1 Nisan 1922 Doğu Cephesi
talim ve terbiyesinin bir senelik mesai hülâsa cetveli

KURSLAR:

Tarihi	Ne olduğu
15 Haziran 1337	Birinci piyade zabitan kursu, bir ay müddetle 1
15 Haziran 1337	Birinci makinalı zabitan kursu, bir ay müddetle 1
15 Haziran 1337	Kıdemli küçük zabitan kursu, sekiz ay müddetle 1
15 Haziran 1337	Topçu zabitanı kursu, bir ay müddetle 1
15 Haziran 1337	Topçu küçük zabitan kursu, üç ay müddetle 1
15 Ağustos 1337	İkinci zabitan kursu, bir ay müddetle 1

15 Ağustos 1337	İkinci makinalı zabitan kursu, bir ay müddet 1
10 Kanunevvel 1337	Kıdemsiz küçük zabitan kursu, altı ay müddetle 2
10 Kanunevvel 1337	Kıdemsiz makinalı küçük zabitan kursu, altı ay müddetle 2
15 Kanunevvel 1337	Kızakçı zabitan kursu, bir ay müddetle 1
1 Şubat 1338	Harp köpeği yetiştirme kursu 2
1 Mart 1338	Hudut alayları için küçük zabitan kursu, altı ay 2
15 Mart 1338	Zabitan makinalı tüfek kursu (piyade zabitanına) 2
1 Mayıs 1338	Foto sinema elektrik kursları, üç ay müddetle 3
1 Mayıs 1338	Erkân-ı Harbiye kursu (9 zabit) 3
15 Mart 1338	Ebe kursu (4 ay)
15 Kânunusani 1338	Otomobil kursu
	Açılıp hitam bulan kurslar 1
	Açılıp da henüz hitam bulmayan kurslar 2
	Henüz açılmayan kurslar 3

KONFERANSLAR:

Birinci ve ikinci zabitan esasında	Ümera ve zabitan tarafından her hafta ikişer defa zabitana kurslar ve konferanslar verilmiştir. İşbu

konferanslardan
Cephe Kumandanı
Paşa Hazretlerinin
vermiş oldukları
konferanslara Kars'tan
fırka kumandanı
beyler ile maiyet
zabitanı sâmiin
sıfatıyla iştirak
etmişlerdir.

6 Teşrin-i Sani 1337 — Kars'ta, Paşa
Hazretleri tarafından
Kutu'l-Amare
hakkında iki konferans
zabitana verilmiştir.

15 Kânunuevvel 1337 — Yine Kars'ta Paşa
Hazretleri tarafından
Kuveyt ve Felahiye
muharebeleri
hakkında iki konferans
verilmiştir.

Şubat 1338 — Sarıkamış askerî
idadî mektebinin
beyaz salonunda Paşa
Hazretleri tarafından
çocuk terbiyesi
hakkında zabitana ve
hey'et-i muallimeye
konferans verilmiştir.

12 Şubat 1338 — Üç gün devam
etmek üzere cephe
ümera ve Erkân-ı
Harbiye'sinden
mürekkep bir hey'et

4 Mart 1338

tarafından Sarıkamış'ta
Cephe Kumandanı
Paşa Hazretleri
tarafından bir harp
oyunu tertip edilmiştir.
Hariciye irtibat
memuru Zühdü Bey
tarafından imlâ
hakkında zabitana bir
muhasebe verilmiştir.

TEFTİŞLER:

28 Mayıs 1337

Tarihinde Kars'ta bulu
nan idadi mektebi ile
kıtaat-ı askeriye
teftişleri.

25 Temmuz 1337

Talimgâh zabit
namzetlerinin ve
birinci piyade makinalı
zabitan kurslarının
hitamı münasebetiyle
yapılan teftiş.

2 Teşrin-i Sani 1337

Ardahan havalisinde
bulunan kıtaat-ı
askeriyenin teftişi.

9 Teşrin-i Sani 1337

Altıncı Süvari
Fırkası'nın terbiye-i
münferide talimlerinin
teftişi.

9 Teşrin-i Sani 1337

9. Fırka'nın terbiye-i
münferide teftişi.

15 Teşrin-i Sani 1337

Sarıkamış'ta cephe
muhafız takımının
talim ve terbiye teftişi.

4 Şubat 1338	Talimgah zabit namzetlerinin topçu talim ve terbiye teftişi.
1 Mayıs 1337	Tarihinden 1 Nisan 1338 tarihine kadar Şark Cephesi zabit namzetleri talimgahı 98 zabit namzedinden ibaret 3 devre-i talimiye çıkarmıştır.
1 Eylül 1338	Tarihinde Erzurum'da 26 mevcutlu bir sıhhiye-i baytariye küçük zabit mektebi açılmıştır.
1 Mayıs 1337	Tarihinde Sarıkamış'ta teşekkül eden sıhhiye küçük zabit mektebi 30 talebe çıkarmıştır.
1 Mayıs 1337	Kars demiryolları emrinde ve şimendifer fabrikasında 53 şimendifer talebesi yetiştirilmekte olan bir şimendifer mektebi açılmıştır.
1 Haziran 1337	Cephe tayyare bölüğü emrinde talebeden ibaret bir tayyare mektebi açıldığı.
1 Ağustos 1337	Fırka 9 emrinde 110 mevcutlu bir eytam mektebi güşad edildiği.

1 Teşrin-i Sani 1337	5 dişçi, 6 elektrikçi yetiştiren bir şube açıldığı.
1 Kânun-ı Sani 1338	Matbaacılık öğrenmek üzere mektep talebelerinden 5 talebe tefrik edildiği.
1 Mayıs 1337	Sanayi mektebi talebelerinden bir orkestra teşkil edildiği.
1 Eylül 1337	İdadî mektebinden başka ber-mucib-i kadro ile leylî (yatılı) eytam mektebi ve ana yurdu şubesi açıldığı.
1 Teşrin-i Sani 1338	Kars hastahanesi emrinde 18 talebe yetiştiren bir sıhhiye küçük zabit mektebi güşadı.

Erkân-ı Harbiye-i Umumiyye Riyaseti'ne,

Şark Cephesi talim ve terbiyesinin bir senelik mesai hülâsası ber-vech-i bâlâ maruzdur.

3 Nisan 1338
Şark Cephesi Kumandanı
Kazım Karabekir

Çocuklar için ruh, beden ve dimağlarını bir arada terbiye esası üzerine arasıra musıkîli oyunlar da yaptırıyordum.[15] "Türk Yılmaz'dan sonra "Küçük Süvari" ve "Sanayi" oyunlarını yapmıştım. Çocuklarımız pek sevinçle ve başarıyla

---

15 İbret alınacak oyunlar olduğundan *Şarkılı İbret* dedim. Şark'ta ve sonra İstanbul'da tab' ve neşr ettirdim. *Öğütlerim* de, Erzurum ve Bakü'de 6.000 basıldı. Afgan sefiri Ahmed Han, her ikisini de Afganca'ya tercüme ederek tab' ettirecekti.

oynuyorlardı. Genelkurmay kursu ve mekteplerimizle de çok meşgul oluyorum. Askerî mektepler umum müfettişliği bir program yapmış, bazı münasebetsiz şeyleri var. Şayan-ı hayret bir geri gidiş. Ankara'daki millî hükümetimiz maarif hususunda ileri değil geri gidiyor. Mekteplere yeniden Arabî ve Farisî dersleri ilâve olunuyor. Eski tarza geri dönülüyor. Şunun bunun istek ve inanışları yerine ihtisas sahiplerinin fikirlerinin toplanması için aşağıdaki şifreyi yazdım:

Erkân-ı Harbiye-i Umumiye Riyasetine,

Müdafaa-i Milliye Vekâlet'ine

Sarıkamış

6.5.1338

Cephe emrindeki askerî mektepler derslerini umum askerî mektepleri tedrisatıyla birleştirmek için mekâtib-i askeriye müfettiş-i umumiliğinden program celbedilip tetkik edildi. Netice-i tetkikat posta ile derdest-i takdimdir. Vusulünden evvel bir karara iktiran eder mülahazasıyla mütalaatımı da ber-vech-i zir arzeylerim:

1. Bu programdan askerî idadi ile leylî eytam mekteplerinin ayrı ayrı idare edilmediği anlaşılmış ve her iki mektep bir arada bulundukça ayrı ayrı idare edilmesi cephece de mahzurlu görülmüş ve idareleri tevhit edilmiştir.

2. İstanbul'daki maarif-i umumiye mekteplerimizin tedrisatını hale muvafık ve Avrupa mekteplerinde takip edilen usul-i tedrise uydurmak için pek büyük bir himmet ile vücuda getirdiği programlar mekatib-i askeriye müfettiş-i umumiliğince aksi ve pek eski tarz-ı tedrisi ihyadan ibaret programa tahvil edildiğinin ihya edildiği görüldü.

Senelerce okuduğumuz halde hiçbir şey anlayamadığımız Farisî ve Arabî tedrisatını ihtiva eden eski tarz-ı tedrise sebebin ne olduğu anlaşılamadı.

3. Fikr-i âcizaneme göre istiklal muharebeleri yaparken mekteplerimizi çoğaltalım fakat programlarına dokunmayalım.

Bu husus sükûnetle ve bir çok ihtisas sahiplerinin fikirleriyle olmalıdır. Mekteplere Arabî ve Farisî kabulü ile maziye doğru elim bir ric'at yaptığımızı ve memlekete yeniden kafası bunalmış yorgun evlât yetişeceğini nazar-ı dikkatinize arzeylerim.

Şark Cephesi Kumandanı Ferik

Kazım Karabekir

Bizim mekteplere kazma kürek merakı da vermiştim. Her sınıf için bir park yeri göstererek zarif şekilde işler yaptırdım. Sarıkamış bayırları mükemmel süslendi.

23 Nisan ağaç bayramı için de mükemmel umumi bir park ve koruluk hazırlattım. Sarıkamış'ta ve Kars'ta pek parlak kutladık. Pek çıplak olan Kars'ın caddeleri iki taraflı ağaçlarla süslendi.

Sarıkamış'taki 9. Kolordu karargâhını 22 Nisan'da Erzurum'a naklettirdim. Bu suretle birliklerin beslenme işleriyle Erzurum merkezinden Kolordunun meşgul olması daha kolay olacaktır. Esasen cepheye yiyecek sağlayan Erzurum tüccarlarıdır. Bu nakilden halk da memnun oldu.

23-28 Nisan Kars etrafında birliklerle tatbikat yaptırmak, tabyaları teftiş, subaylarla tatbikat tenkidi ile meşgul oldum.

Trabzon vilâyetinde bazı Rum çeteleri merkez ordusunun faaliyetinden sonra kendilerini gösterdiler. 14 Nisan'dan itibaren 13. Fırka hücum taburu bir batarya ve Fırka süvari bölüğü tatbikatta bulunuyordu. 29 Nisan'a kadar 6 eşkiya öldürüldü ve 8'i teslim oldu. Santa'nın sarp yerlerinde bulunduklarından emniyet ve asayişe tesirli değildirler. 13. Fırka Kumandanlığına Muğlalı Kaymakam Mustafa Bey gelmişti. Ankara'dan geldiğinden batı vaziyetine hâkimdi. Yazdığı şifrenin 6. maddesinde aynen şunu yazıyor:

"Trakya'dan doğuya kadar olan memleketlerin ve bugün kurtarılma uğrunda hayatlarını feda etmekte olan bu memleket evlatlarının uzun zamandan beri bütün bekleyişinin zât-ı devletlerine bağlı olduğunu bütün kalbimle te'min edebilirim."

Bu esasta aldığım bilgiler çoktu. Mustafa Kemal Paşa'yı daha eskiden tanıyanlar ve Umumi Harp zamanındaki bazı hususî hayatını görenler iddia ederek diyorlardı ki: "Eğer sizin isminizin bu harekâtta Mustafa Kemal Paşa'ya yardımcı olduğu görülmeseydi şimdiye kadar iş çoktan alt üst olurdu"... Bu sözleri Mustafa Kemal Paşa'nın işitmiş olması pek muhtemeldi. Fakat benim hırslı bir insan değil maksat uğruna hayatını feda edecek bir yaradılışta olduğumu da söyleyenler olsa daha iyi olacak. 16 Mart'taki tebliğim veçhile 1 Mayıs'ta aşiret alaylarının ve dolayısıyla Kürtlerin ıslahı için düşündüğüm hususları aşiret fırkası kumandanı Sabri Bey ve kurmaylarımla müzakere ettim. Düşündüklerimi uygun buldular. 12 yaşından küçük kabiliyetli çocukları gece yatılı mekteplere almak, bu işsiz insanlara iş bulmak, ziraat müfrezeleri, yol inşası gibi... Aşiret alayları sulh zamanı ziraat müfrezeleri haline dönüştürülebilir. Şeyhler üniversite mezunu aydın Türk hocaları ile değiştirilmeli, Kürtçe bilmeleri şart; mühim merkezleri ve güzergahları Türk unsuru ile kuvvetlendirmeli, Van gölü etrafı dahil... Bütün aşiret teşkilâtını esasen mümkün olduğu kadar ufak kısımlara ayırmıştım. Sıkı kontrol ve sürekli propaganda ile Kürtlerin Türklük topluluğundan ayrı bir unsur olmadıklarını ve Kürtlük meselesi diye yapılan işlerin büyük Ermeni yurdu tesisi ile Kürtleri yok etmek için olduğunu anlatıyordum. Fakat Doğu'da bir umum müfettişlik kurularak uygulanabilir bir programla uzun seneler uğraşılması gereği görülüyordu. Aksi halde her devlet şubesi ve hatta her vali ve memur kendi aklınca işler görecek, işler şimdiye kadar olduğu gibi yine İstanbul zihniyetiyle ve İstanbul bilgisiyle idare olunacaktır ki, neticesi yapmak değil yıkmak olacaktır. Maliyeti tabiî Kürt ve Türk kanı ve parasıdır. Bunları Ankara'ya muhtelif vasıtalarla gelen mebuslarla, yazarak anlattım.[16]

---

16 1922 senesi nihayetinde Ankara'ya geldiğim zaman, ne Doğu'ya ve ne de Kürtlüğe dair hiç kimsede, değil malumat, düşünceye karar dahi görmedim. Verdiğim layihaları tekrar yazdım. Şifahen de alakadarlara lazımı gibi anlattım. Fakat dinletemedim ve akıbet korktuğum oldu. Kürt ve Türk kanı beyhude döküldü. Gurur, inat, vehim gibi, muvaffakiyetin doğurduğu zararlı hasılat hakikati kapadı.

Ankara, umum müfettişlikten hidivlik diyerek korkuyormuş...
İşler kendi mihverinde döner, zan ve vehim hasılatı yoktur.
Zarar ve ziyanı ise ait olduğu işin büyüklüğü ile orantılıdır.

3 Mayıs'ta Batum konsolosu Tali Bey yazıyor: Enver Paşa
Buhara'da Ruslar aleyhine kışkırtmalar yapmakta olduğun-
dan teşkilâta dahil diye ne kadar Türk subayı ve muallimle-
ri varsa Bolşevikler tutuklamışlar. Buhara'ya asker de sevk
ediyorlarmış. 5 Mayıs ajansına göre Berlin-Moskova arasın-
da uçak postası tesis olunmuştur. Cenevre Konferansından
önce 16 Nisan 1922'de Ruslarla Almanlar arasında bir antlaş-
ma yapılarak siyasi münasebetler başladığını gazeteler yazı-
yorlar. Maddeler şunlardır:

Rus-Alman Arasında

Son posta ile gelen *Jurnal* gazetesinden tercüme edilmiştir:

Ratnav'ın temsil ettiği Almanya ile halk komiseri Çiçerin'in
temsil ettiği Sovyetler Cumhuriyeti ber-vech-i âti muahedenin
akdi hususunda mutabık kalmışlardır:

1. Almanya ile Rusya arasında hal-i harpten mütevellit
bilumum mesailin Alman hükümeti ile Sovyet Cumhuriye-
ti arasında ber-vech-i âti tarzda tesviye edilmesi hususunda
müttehidü'l-fikirdirler.

a) Almanya ve Sovyet Cumhuriyeti yaptıkları masraf-ı
harbiyeden muharebenin sebep olduğu zararlardan yani,
harekât-ı harbiye sahasında tedabir-i harbiye dolayısıyla ken-
dilerinin ve tebaalarının düşman memleketinde yapılan müsa-
derat da dahil olduğu halde duçar oldukları zararlardan ve her
iki devletten birinin ittihaz eylediği tedbir dolayısıyla eşhas-ı
mülkiyenin duçar oldukları zararlardan mütekabilen sarf-ı
nazar ederler.

b) Tarafeynden birinin harp esnasında iştira ettiği sefain-i
ticariye meselesi de dahil olmak şartıyla, hal-i harpten müte-
vellit bilcümle hukuk-ı umumiye-i hususiye tesavi-i tarafeyn
düsturu ile tesviye olunacaktır.

c) Almanya ve Rusya, üseranın mucip olduğu masarifin iadesinden Almanya, Rus ordusuna mensup efradın iaşesi ücretinin talebinden ve Rusya da Almanya'ya getirilen Rus mevadd-ı harbiyesinin füruhtundan temin ettiği bedelin istîfâsından mütekabilen sarf-ı nazar ederler.

2. Almanya, Sovyetler tarafından ısdar edilip, Alman tebasını ızrar eden kavanin ve tedabirin mevki-i tatbike vaz'ından mütehassıl bilcümle metalibat ile, Alman hükümetinin ve teb'asının hukuk-ı hususiyesinde, düvel-i saire tarafından bu tarzda serdedilebilecek metalibi Sovyetlerin tazmin etmemeleri şartıyla sarf-ı nazar eder.

3. Almanya ile Sovyetler Cumhuriyeti arasında münasebat-ı siyasiyeye derhal ibtidar edilecektir. Konsolosluk mesaili hususî bir itilâfnâme ile tesviye edilecektir.

4. Her iki hükümet, tarafeyn-i âkidin teb'asının, diğer taraf arazisinde bulunan hukuku ile münasebat-ı ticariyenin en ziyade mahzar-ı müsaade devlet esasına tevfikan tesviyesi hususunda mutabık kalmışlardır. En ziyade mazhar-ı müsaade devlet düsturu Sovyet hükümetinin bir diğer Sovyet hükümetine veya vaktiyle Rus İmparatorluğu eczasından bulunan bir devlete ibraz eylediği müsaadatı muhtevi değildir.

Hükümeteyn, müşkilât-ı iktisadiyenin tahfifi için yekdiğerine mütekabilen muaveneti taahhüt ederler. Bu meselenin beynelmilel bir esasa tevfikan tesviyesi takdirinde, evvelemirde kendi aralarında teati-i efkârı taahhüt ederler. Alman hükümeti iki memleketin hususî müesseseleri arasında mukavelât akdini ve bu mukavelâtın icrasını mümkün olduğu kadar teshile hazır olduğunu beyan eder.

16 Nisan 1922'de Repello'da nüshâteyn olarak tanzim edilmiştir.

Çiçerin   Ratnav

Uzak olmayan gelecekte Rusların Bolşevikliği ıslah ve Almanların da sosyalizm esaslarını gereği gibi tanzim ile belirli hedeflerle birleşmeleri ihtimalini kuvvetli görüyorum. Anglo-Saksonların da bu anlaşmaya dahil olmaları cihanda yeni bir herc ü merc yapabilecektir. Daha şimdiden İngiliz-Fransız hegemonyası her sahada mücadelededir.[17]

5 Mayıs'ta Millet Meclisi'nin vaziyeti ve buna karşı alınması gereken tedbirler hakkında pek önemli olan, Başkumandan Mustafa Kemal imzasıyla aldığım şifre ile cevabım ve bunun cevabı aynen şunlardı:[18]

Başkumandanlık	Ankara
Gayet mahrem	5.5.1338 Cuma
Bizzat açılacaktır.	Saat dakika
	2 20

Cephede bulunmak hasebiyle gaybubetime tesadüf eden Meclis'in son bir-iki ay zarfındaki vaziyetinde şayan-ı dikkat bir hal görülmektedir. Yine Meclis tarafından yapılmış olan kanun mucibince bazı vekâletler için gösterilen namzetlere rey vermeyerek azadan mühim bir yekunun istinkâf eylemesi münhal vekaletlere vekil intihabını işkâl etmekte ve vazife-i hükümeti akamete mahkum eylemektedir. Bilhassa orduya ait vezaife müdahale etmek, orduyu müteessir edecek mukarrerat istihsaline çalışmak arzu ve temayülâtı görülmektedir. Binnetice hükümetsizlik ve ordunun müteessir olmasını intaç edecek istidatta bulunan ve bu tavr u hareketin kısmen bazı mehafil-i hâriciyeden mülhem olduğu da kuvvetle mahsus

---

17 İzmir harp oyununda Gazi vaziyet-i umumiye hakkında malumatımı sordu. Bu hususu izah etmiştim. Tafsilat orada vardır.

18 10 Temmuz 1922'de bu mesele hakkında yeniden muhaberatımız vardır. Mustafa Kemal Paşa 5 Mayıs şifresinde netice hakkında benim kararımı soruyor. "Yalnız ihtiyar-ı savab ve zaruri olacak tarz-ı hareket..." cümlesi Meclis'in feshine de mana vereceğinden, cevabımda Millet Meclisi'nin mevcudiyetinin lüzumu şartını esas koyarak tedbir alınmasını bildirmiştim. 10 Temmuz şifresinde kendi istifasını ileri sürüyor.

olmaktadır. Umumî bir tarzda izah edilen bu vaziyetin son defa vuku bulan mühim bir tezahüratını da arz eyliyorum.

Mayıs'ın beşinde hitam bulacak olan Başkumandanlık Kanunu'nun tecdidi Perşembe günü Meclis hey'et-i umumiyesinde müzakere edilmiştir. Bizzat hazır bulunamadığım bu müzakerenin evvela hafî ve ihzarî cereyan eden kısmında yetmiş iki kişilik mehib bir zümre kanunda mevcut salahiyetlerin reddini talep eylemiştir. Alelusul alenî celsede istihsal edilen âraya göre, o esnada Meclis'te mevcut yüz yetmiş azadan yüz on dördü kanunu kabul etmiş, altısı reddetmiş, yirmi üçü de müstenkif olduklarına dair rey vermiş, yirmi yedi zât ise Meclis'te mevcut olmakla beraber rey veremeyeceklerini beyan eylemişlerdir. Mütebaki aza Meclis'e dahil olmamak suretiyle nisab-ı müzakerenin tesisine ve intac-ı muameleye mâni olmuşlardır.

Cumartesi günü istihsal-i ârânın neticesi müspet zuhur etse dahi böyle bir mecranın bilhassa ve askerî vaziyetin en ziyade hassas olduğu böyle bir zamanda vukuu ve bu gibi hâdisatın tekerrürü varlığımızın en can alacak noktasında mühim zaaflar tevlit edecektir. Memleketin halas-ı kat'îsine müteveccih yolda vuku bulan ve bulacak olan bu gibi menfi hareketlere karşı ihtiyar-ı savab ve zarurî olacak tarz-ı hareket hakkında makine başında hususi şifre ile re'y-i devletlerine intizar eylerim.

İşbu maruzatı bugünkü vaziyeti mühim telâkki edip nezd-i acizaneme gelen Fevzi ve Kazım Paşalar ve Rauf, Fethi ve Yusuf Kemal Beylerle vuku bulan mahrem bir müzakerenin neticesi olarak arz eyliyorum efendim.

Başkumandan
Mustafa Kemal

Başkumandan Mustafa Kemal Paşa Hazretleri'ne

Zata mahsus   Sarıkamış
Makina başında   5 Mayıs 1338
                                      Cuma
                                      8 evvel

1. İstiklâl-i millîmizin kurtarılması için ahdeden Şark ordusu ve Şark halkı Ankara hükümetince yapılacak mukarreratın
pek kuvvetli ve sadık istinatgâhıdır. Her türlü icraatta Garp
ordusunun dahi yekpareliği muhafaza olunmalıdır.

2. Dökülen kanlarımızın mukabil mükâfatını toplayacağımız şu tarihî zamanlarda Millet Meclisimizin içinde tefrikayı
mucip olacakların, milletin emeli hilâfına istikamet alanların
bulunması elimdir. Fakat hariç ve bilhassa İstanbul tarafından
elde edilmişlerin mahdut olabileceğini zannediyorum. Hariç
ve dahile karşı Ankara'da herhangi bir şekilde Millet Meclisi'nin mevcudiyetinin lüzumuyla beraber yine aynı nazarlara
karşı vahdet ve varlık göstermek lüzumu da bedihidir. Bu iki
mühim husus nasıl tasavvur buyuruluyor?

Dâhilî ve haricî ahvalimizin ve Meclis'teki zıt cereyanların
menşe ve hedeflerinin her bir noktası sizlerce muayyen oldu
ğundan ne gibi kararlarla mevcudiyet ve istiklâlimizin kurtarılacağı hakkında bendenizi evvela tenvir buyurmanızı rica
ederim.

                                   Şark Cephesi Kumandanı
                                        Kazım Karabekir

                                              Ankara
                                             8.5.1338

Zata mahsustur. Gayet mahremdir
Şark Cephesi Kumandanlığına
5 Mayıs 1338 gayet mahrem şifreye cevaptır.
Cumartesi günü Meclis hafi olarak güşad edilerek 5 Mayıs

1338 tarihli gayet mahrem işaretli şifremde arzeylediğim husûsat taraf-ı âcizanemden hey'et-i umumiyeye izah ve vaziyet teşrih olunmuş ve bu tarz-ı hareketin orduyu infisaha ve hükümeti de akamete sevk etmesi ihtimali üzerinde tevakkufla buna milletin razı olamayacağı ifade edilmiştir. Hey'et-i umumiyeyi vaziyetin hakikati ile karşılaştırılan bu ifadattan sonra celse-i aleniyeye geçilerek Başkumandanlık Kanunu hakkında ârâ istihsal edilmiş ve on bir muhalif ile on beş müstenkife karşı kanun yüz yetmiş yedi rey ile kabul edilmiştir. Münhal bulunan vekâletler için intihabat icrasına devam edilecek ve icap ederse peyderpey arz-ı malûmat olunacaktır efendim.

Büyük Millet Meclisi Reisi

Başkumandan Mustafa Kemal

12 Mayıs'ta kolordu sanayi takımı ile birlikte sanayi mektebini de Erzurum'a taşıtmaya başlattım. Sarıkamış'ta ana ve lise mektebi -henüz ilk sınıfları mevcut- ile bir arada bulunmaları çocuklar üzerinde iyi tesir yapmadığı gibi -sanayi ile meşgul çocuklar daha ziyade sanatla meşgul oluyorlar diğerleri istikballerini daha parlak göstererek bunlarla rekabette bulunuyorlar- esasen kolordu merkezi de Erzurum'a gittiğinden bu cihetle de gerekli.

12 Mayıs'ta Tiflis'te Gürcü, Azerbaycan, Ermeni birliği imzalanmış. İşbu cumhuriyetlerin umumi siyasetlerinin idaresi şûra birlikleri başkanlığına bırakılmıştır. Şûra birliği teşkilatını tamamlayıncaya kadar Hariciye komiserleri vazifeleri divan-ı riyaset azasından Gürcülerin Budi Medivani, Azerbaycan işleri Nerimanof, Ermenistan'ınki Minasyan tarafından görülecektir.

13 Mayıs'tan 26 Mayıs'a kadar sağ cenah bölgesinde bir seyahat yaptım. 13 Mayıs Sarıkamış'tan Kağızman'a. Sarıkamış'ta sıcaklık +10. İki saatte şimendiferle Benli Ahmet'e. Buradan üç buçuk saatte otomobil ile Kağızman'a. Yarım saat lastik tamiriyle geçti. Kağızman çukurda olduğundan ağaçlar

tümüyle yapraklanmış ve meyveler ufacık görülüyor. Ağaçlarda çiçek az kalmış; akşam üstü sıcaklık +19.

14 Mayıs İzmir'in 1919 senesinde Yunanlılar tarafından işgalinin 4. senesine basıyoruz. Eğer Ermeni hareketini dediğim zamanda yapmış olsa idik, ihtimal bugün İzmir'de Türk bayrakları bütün milletimizi ve bizi seven milletleri sevinçler içinde yaşatacaktı. Bunun dikkatli münakaşasını tarihe bırakarak yakında o mübarek yurtlarımızın da kurtulmasını Cenab-ı Hak'tan niyaz eylerim.

Kağızman'daki birlikleri, kışlaları ve mektepleri teftiş ettim. Maarif mektebinde gece bir müsamere verdiler. Umumî Harp zamanı yazılan eserlerden padişahların azametlerini gösteren temsiller. Muallimlerine dedim ki: "Bugün milletime ve vatanıma ihanet eden bir padişahla da mücadeledeyiz. Neden bu oyunlarla talebeye ve seyreden halka fena ruh veriyorsun, hususiyle Elviye-i Selâse'yi Ruslara kaptıran padişah idaresi, kurtaran ise millî idaredir. Kişinin istiklâl ve hürriyet aşkı, milletin azim ve iradesi hakkında tek bir söz yok. Hiç olmazsa eğlenceli oyunlarla müsamere programını tertip etmelisiniz." Muallim yeni gelmiş. Bu gibileri çağırıp bizim çocukların oyunlarını öğretmeyi uygun bularak gereğini yaptım. Yeni muallimlere de bir müsamere kursu açtım.

14 Mayıs'ta Kağızman'dan otomobil ile 7 saatte Iğdır'a geldik. Yol Aras nehrini takip ediyor. Şose fakat bazı yerleri bozulmuş, buraların tamirine emir verdim. Kulp'da bir saat mola verdik. Buradaki dağ tamamen tuz. Şayan-ı hayret bir varlık. Düyûn-ı Umumiye yerinde okkasına üç kuruş fiyat koymuş. Kulp'ta bir kaç basit bina var. Buradan sonra Aras vadisi ovalıktır. Iğdır büyük ve oldukça mamur bir kasabacık. Bağlık bahçelik büyük bir düzlük ortasında, hayli zaman yağmur yağmadığından ekmek fiyatlanmış, halk ıstırap içinde bana geldiler. "Paşa yağmursuzluktan kırılıyoruz. Seni çok işitiyoruz, dindarsın, iyisin. Bize medet et..." dediler. "Düşüncelerinize teşekkür ederim. Fakat medeti Allah'tan istemeli, ben sizin için dua ederim siz de kalbinizi Allah'a bağlayın ve

yalvarın ve yalvarın, inşallah hayırlı bir yağmur gelir" dedim. "Bugün de yağmur yağmazsa mahvolduk, kıtlık muhakkaktır. Zaten şimdiden fakir fukara ekmeksiz kaldı" dediler. "Ümidinizi kesmeyiniz, inşallah sıkıntıdan kurtulursunuz." Halk dağılmıyor, benim kendi huzurlarında dua etmekliğimi rica ettiler. Vaktiyle böyle bir vaziyete Diyarbakır bölgesinde Lice civarında da maruz kalmıştım. Ve müthiş güzel bir tesadüfün lütfu ile bu kolordu kumandanlığına geldiğim gün yağmur duasından sonra gelmiş ve Kürtler üzerinde son derece mühim tesirler bırakmıştım. Buradaki vaziyet pek acıydı. Halk da öz Türk ve kalabalıktı. Pek dindar olan bu insanlar kıvranıyor ve iyi tanıdıkları kumandanlarından şefaat umuyorlardı. Hayatımda müthiş tehlikelerden ve sıkıntılardan samimiyet-i ruhumla mümkün olanı yaparak ve sonunda faniye değil bekaya rabt-ı kalp ederek sıyrılmıştım. Iğdır halkını kurtaracak elimde hiçbir vasıta yoktu.

Onlar da benden dua istiyorlardı. Vaktiyle yağmur duasını öğrenmiştim. Ekseriya duadan sonra yağmur yağdığını da işitirdim. Bir kaç örneğini de görmüştüm. Bu husustaki kanaatim şudur ki; ıstırap sonuna geldikten sonra yani sıkıntı son dereceyi bulunca esasen bulutlar da çok defa yağmura dönüşüyordu. Dua da son sıkıntıda yapılıyor ve herkesi memnun ve müsterih kılıyordu. Şimdi de vaziyet bu idi. Halk tahammülün sonuna gelmişlerdi. Esasen bu çevrenin en sıcak bölgesi olan Iğdır bölgesi şimdiden +21 idi. Yağmursuzluk da mahsulü kavurmuştu. Halkın samimî ısrarı üzerine "Kalbimi tamamıyla Cenab-ı Allah'a bağladım ve yalvarıyorum, siz de bir kere amin deyiniz ve gidiniz.

Umarım ki Allah yardımcınız olacaktır" dedim ve halkı selâmlayarak ikametgâhıma çekildim. Halk da dağıldı. Biraz istirahatten sonra akşama doğru çarşıya yaya çıktım. Tam çarşı ortasına geldiğim zaman bir yağmur başladı. Her taraftan haykırışmalar, dualar yağmur şıkırtısına tatlı bir nağme katılıyordu. Bu olay bana Kars'ın zaptı anından fazla tesir yaptı. Kars'a ateş ve kan arasında girmiştim, burada rahmet ve

164 • Kazım Karabekir

şükran arasında dolaşıyorum. Hayatımın en mutlu zamanlarından birini yaşadım. Ekmek müthiş ucuzladı. Fakir fukara dükkanlara koşarak ekmek alıyor, kıtlıktan kurtulan halkın sevinci Ermeni satırından kurtulanlardan daha fazla oldu. Yağmur gereği kadar yağdı.

Bu şerefe iliklerime ıslanıncaya kadar gezdim. Halktan aldığım dua belki yedi ceddime kâfi gelecektir. Gerçi akşam müthiş bir boğaz ağrısından saatlerce rahatsızlandım fakat bu yarınki Beyazıt seyahatime mani olmadı. Iğdırlılar 14 Mayıs gününü Iğdır'ın kurtuluş bayramı addettiler. Her sene beni anarak bugünü kutlayacaklarını söylediler. Bu tesadüfün lütfunu inançlı insanlar gibi Cenab-ı Hakk'ın azametine bir misal olmak üzere tanıdım ve tanıttım. Yağmur 15 Mayıs'ta da devam etmiş ve halk şenlikler yapmış, ben Beyazıt'a yola çıktım. 15 Mayıs'ta otomobillerle Iğdır'dan Beyazıt'a 7 saatte geldik. Çengel geçidine -eski hudut- kadar yokuş daha ziyade olmakla beraber yol muntazam. Iğdır Beyazıt'tan daha aşağıdadır. Çengel geçidiyle Karabulak köyü düzlüğüne kadar birkaç kayalık var. Karabulak güzel pınarlardan ibaret fakat etraf Kürt aşiretleri, pınar başına kadar pislemişler. Bu az sonra bataklık yapıyor. Beyazıt ovası tuzlu sulu bataklıktır. Ağrı dağını Çengel geçidinden kuzeyden güneye geçtik. Daima azametiyle yanımızda.

16'da Beyazıt'ta kaldım. Burada sıcaklık Sarıkamış gibi, bugün +16 idi. Bir yamaçtaki kasaba Umumî Harp'te çok harap olmuş, eski birkaç kerpiç basık tavanlı yüz elli ev İslâm, skserisi Türk. Birkaç da Kürt var. Suyu bol ve güzel, mektebi zararsız. Yüzden fazla çocuk var. İki saat kadar çocuklarla meşgul oldum. Muhakeme ve münakaşalı öğretim usulünden bahsettim. "Çocuklar Ordusu" ve "Küçük Süvari" marşlarını muhtelif yaşlardaki çocuklara öğrettim. Eski kaleye hayvanla çıktım. 1199 senesinde İshak Paşa yaptırmış -Sultan Murad'ın İran seferinden sonra-. Cami güzelliğini koruyor. 93 Seferi'nde burada bir Rus müfrezesini günlerce kuşatmış iken neticede imdat alıp çıkış yaparak kurtulmuşlardı. Umumi Harp'te

Ermeniler cami içinde dinamit atarak bazı tahribat yapmışlardır. Cami-i şerif 25 metre yükseklikte, caminin üstünde mükemmel bir havuz var. Kumandanlık, harem ve selâmlık, mükemmel koğuşlar, mutfak vesair teferruat mükemmel ve muazzam. İstasyonda -Ruslar Şahtahtı'ndan başlayarak dar hat olmak üzere Beyazıt-Karaköse-Horasan üzerinden Sarıkamış-Erzurum hattına bağlamak üzere bir hatt'a başlamışlar. Ray döşeme Karaköse'ye kadar bitmiş, biraz ileride toprak düzeltmesi var. Hatta 1919 senesinde Van'a seyahatimde Karaköse'den Beyazıt'a kadar trenle gelmiş gitmiştim. Fakat hattın korunma ve tamiri imkansız olduğundan nakledilecek malzemeyi Karaköse'ye naklettirdim- bazı güzel binalar vardı. Evvelce alay karargahımız otururdu.

Şimdi hükümete vermiştik. Vali kendi istirahati için burada yerleşmiş, kasaba yarım saat kadar uzakta ve tepede olduğundan hükümeti istasyona indirmiş güya şehri de buraya indirerek medenileştirecekmiş. Memurlar ise istasyonda ailelerini oturtacak bir şey olmadığından kasabada oturuyorlar, sabah gelip akşam yokuş tırmanıyorlar bana şikâyet ettiler, kasabada güzel hükümet binası da varken bu münasebetsiz kararı manasız buldum.

Esasen vali aynı zamanda kasabada mevcut tekkenin de müridi imiş. Halkla birlikte zikre giriyor, kaba sofu bir şey. Memleketin böyle nazik bir yerinde daha akıllı ve mutaassıp değil yetkileri olan bir valiye ihtiyacı Ankara'ya yazarak gereken düzeltmeleri yaptırdım. İstasyonda bir vagon içinde Bolşevik Rus konsolosunun da faaliyetini anladım. Kendisini ziyaret ettim. Beyazıt'ın muhtelif mükemmel fotoğraf koleksiyonu var. Pek ilgilendim. Bana hediye etmek zorunda kaldı. Herhalde Umumi Harp'te her tarafın böyle mükemmel fotoğrafları alınmış, şimdi bu nesil de onlardan faydalanıyor. Rus konsolosunun halen Beyazıt'ta hiçbir işi olmadığı malum. Fakat yoldaş kendisine iş bulmuş. Aşiretlerle temaslarda ve bazı propagandalarda. Havaya kılıç sallaması için icap eden tedbirleri yaptırdım.

17 Mayıs'ta aynı yoldan Iğdır'a döndüm. Bu sefer 5,5 saatte geldik. Karabulak'tan sonraki taşlık yokuşu gelirken yaya inmiştik, bu sefer atla çıktık. 4 kilometre kadar otomobiller hafif çıktı.

18 Mayıs'ta Iğdır'dayım. Öğleden sonra hükümet, belediye, kışla ve hastaneyi dolaştım. Kasabada kaç ev, kaç kişi var ne kaymakam ve ne de belediye reisi bilmiyorlar. Kaymakam bey 100-150 ev dedi. "Arada elli fark var, yüzde elli mühim bir şey ifade eder, birer birer saysanız nihayet bir saatlik bir gezme ile hakikati öğrenebilirsiniz" dedim. Kaymakam bey Mülkiye-i Şahane'den (Siyasal Bilgiler Okulu'ndan) mezun fakat pek sessiz ve tecrübesiz, odası örümcekler içerisinde; kendisine biraz nasihat ettim. Askerlik şubesi başkanı kasabanın 305, belediye reisi de 400 ev olduğunu söylediler. "Kaç mahpus var?" dedim, yine doğrusunu bilen yoktu. Halbuki 7 mahpus vardı. Bu basit suallerin doğru cevabını zaten hiçbir yerde alamadım. Sokaklar ilk geldiğim gün pek pisti. Kaymakam ve belediye reisine ihtar etmiştim. Bu sefer temiz buldum. Resmî ve hususî meskenlerin de temiz tutulmasını ve cansız canlı her varlıkla yakından ilgilenmelerini icap edenlere söyledim.

19 Mayıs'ta Iğdır'dan otomobil ile bir saatte Malkara köprüsüne geldim. Şose muntazam, köprü 120 metre uzunlukta, dört çift demir boru ayak üstüne tutturulmuş, dört kemerli, pek sağlam demir bir köprü. Rusların şose üzerindeki bütün mühim köprüleri hep böyle demir ve sağlam. Bu şose Erivan'a gidiyor. Bizim tarafta Alican, Ermenilerin tarafında da Malkara köyleri gözleri kaplıyor. Alican köyünde halk yok, hudut birliklerimiz var. Kars taarruzumuz zamanında Ermeniler bizim aşiret birlikleriyle takviye ettiğim 11. Fırka birliklerine karşı Iğdır'ı iyi savunmuşlardı. Kars'ın düşmesinden sonra bu bölgedeki kuvvetlerini Gümrü bölgesine çektiklerinden Aras'a kadar boşaltmışlar ve Malkara köprüsünün ahşap döşemelerini yakmışlardı.

Iğdır'a dönüşümde alayı teftiş ettim. İyi buldum. Konferans salonları da güzel. Subay ve erlerimiz pişkin, maddî manevî kuvvetlidirler. Akşam belediyeye davete gittim. Halk da toplanmıştı. İleri gelenlerden ziyarete davetliler de vardı. Yağmurlar dolayısıyla yeni mahsul kurtulmuş. Ekmek on iki kuruştan sekize inmiş. Memnunluklarını tekrar tekrar söylediler.

20 Mayıs'ta otomobil ile Kağızman'a döndüm. Kulp'a iki saatte geldik. İki pavyondan ibaret ikişer katlı muhteşem kışlaları gezdim. Temelleri yapılmış diğer mevcutla tamamlanması zorunlu olduğundan emir verdim. Meyve ağaçları da susuzluktan yanmış. Yeşil dallara kadar budanmasını ve sulanmasını tembih ettim. Kulp'tan Kağızman'a üç buçuk saatte arızasız geldik. Hafif yağmur vardı. Belediye reisinin evine indim.

21 Mayıs'ta Kağızman'da meşgul oldum. Tuz madenlerini gezdim. Bembeyaz tuz madeni kısmı şayan-ı hayret. Çarlık döneminde burası yalnız Çar'a mahsus imiş.

Mektep çocuklarına "Türk Yılmaz" ve "Süvari" marşlarını öğrettim.

Bugün Erzurum'a biri Fransız diğeri Rus iki teknik hey'et gelmiş. İkisi de Van'a hareket etmişler. Ruslar Fransızların herhangi bir imtiyaz alacaklarından kuşkulanıyorlarmış.

22 Mayıs'ta Kağızman'dan Zibni'ye geldim. Pifik köprüsünü bir kilometre kuzeye kadar otomobil ile, sonrası atlarla Aras vadisinden kuzey sırtlara kağnı veya boş araba çıkarabilir, bu da her taraftan değil, mevcut yollardan.

Kurmay kursuna devam eden efendilerle Kars'ın doğusunda kurmaylık seyahati yaptıracağımdan efendileri burada toplamıştım, yarın görevlerine başlatacağım.

23'de Zibni'den Kututepe'ye çıktık. Celâl köyünde, Zibni'de olduğu gibi bir kaç ev Kürt var, bunlar Sorhunlu halkındandır. Bu köylerde Aras vadisinde olduğu gibi her çeşit bol ağaç yoktur. Her köyde en çok 100 kadar söğüt ve kavak var. Çoğunda dere geçiyor, üç dört bel kalınlığı su akıyor, fakat yakında pınar yok. Sorhunlu'da pek güzel pınarlar var.

Stajer efendilerle Kutur dağına çıktık. Burada bir mesele

hallettirdim. Yağmur ve fırtına geçti. Tepede yemek yedik. Pazarcık'a hareket ettik. Sarıtepe'nin hemen batısından geçerek keseden geldik. Babasu deresini geçtik fakat Pazarcık'a yakın bataklık başladığından batıya dönerek Şatıroğlu-Pazarcık yoluna çıktık. İsabet etmişiz, ilerisi daha çok batak imiş. Bir mandanın battığını böyle öğrendik. Kalkan ördekler burasının çok batak olduğunu bize göstermişti.

25 Mayıs'ta hava pek güzel, yalnız rüzgarlı. Sabahleyin saat 7'de bir kılavuz alarak Alacadağ'a çıktık. Dumanlı denilen en yüksek yerine atla rahatça çıktık. İki saat harcadık. Arpaçay'a doğru yamaçları da atla gezdik.

Manzara müthiş... Ermenistan içleri, Gümrü mükemmel görünüyor. Ani harabesi ayak altında. 93-94 seferinin bu bölgedeki harekâtını bir kaç defa okumuş, incelemiş bulunduğumdan Muhtar Paşa'nın karargâh yerini buldum. Bu civarda ufak bir kaynak da var. Buradan Iğdır, Erivan, Gümrü, Kars, Çıldır Gölü görünüyor. Ararat (Ağrı) ile Alagez dağlarının da manzaraları doyulmaz derecede güzel. Hava açık ve berrak olduğundan uzak mesafeler ve yüksek dağlar pek berrak ve güzel görünüyor.

Muhtar Paşa'nın zaferi ve hezimetini burada özetle stajyerlere anlattım. Muhtar Paşa'nın bu güzel karargâhtan panorama gibi her gün etrafı mükemmel seyretmesine rağmen, Rusların nasıl ordunun arkasına müthiş bir sarma hareketi yaptıklarını ve ordumuzun manevra kabiliyeti olmamasından dolayı kurtulmak ihtimali varken birçok birliklerin nasıl esir olduğunu izah ettim. Sonra kendilerine de görev çözümlettim. Bu güzel manzara karşısında öğle molasını da yaptık, yemek yedik, öğleden bir saat sonra yola çıktık. Bir saatte Nalbanttepe güneyindeki Gölpınar'a geldik. Yarım saat mola verdik. Güzelpınar suyundan da içtik. Buradan bir buçuk saatte Vezinköy'e geldik. Çadırlarımıza girdik. Burada da bir vazife verdim.

26 sabahı Vezinköy'de hafif bir kar, sonra da yağmur başladı. Burada da efendilere Kars'ın zaptında Vezinköy ve

Yahnılar'daki harekâtı izah ve bir meseleyi de hallettirdim. Ve atlı seyahate son verdim. Yağmur çoğaldı, Kars'a kadar iyice ıslandık. Kars'ta üst başımızı kuruttuk, biraz dinlendik. İstasyon civarındaki askerî hastahanemizi teftiş ettim. Öğleden sonra 14'te trenle Sarıkamış'a döndüm. Sabah Sarıkamış'a da kar yağmış ve yerler beyazlanmış, sonra erimiş. Bu bölgenin her seneki cilveleri.

Tiflis temsilcimiz Muhtar Bey Moskova Sefaretimizden gelen şifreleri ve Hariciye vekilimizin cevap şifreleri gelmiş, okudum, hülasası:

20 Nisan 1922'de Sefarethanemizin bir şubesi olan diğer apartman Çeka'nın silahlı bir birliği tarafından karşı casus tertibatı ile basılmış ve memurlarımız silahla tehdit, üzerleri, sefarethanenin içerisi tamamen muayene edilmiş ve bir şifre anahtarı ve bazı resmî ve normal evrak mühürlü bir çantaya konularak bir memurumuz vasıtasıyla Çeka dairesine götürülmüş. Çanta geri verilmemiş, memurumuz da dövülmüş, Hariciye Komiserliği'ne sefirimiz protesto etmiş ise de Karahan cevap vermeyerek görüşme isteğinde bulunmuş, Sefir Ali Fuat Paşa da Moskova'yı terk etmiş...

Hadisenin Ruslarca düzenlenmiş olduğu meydanda. Sefaret görevlileri gaflet ederek apartmanlarında Rus subaylarıyla görüşmüşler. Hariciye Vekâletimiz de bu haksızlığı yazıyor. Ali Fuat Paşa Hazretleri 18 Mayıs'ta Tiflis'e gelmiş ve Ankara'ya hareket etmiş.

Moskova'daki skandalın Doğu Buhara'da isyan çıktığı, Enver'in işe karıştığı bir zamanda Moskova sefaretinin ve dolayısıyla Ankara hükümetinin ilgisi var diye yapıldığı muhakkaktır. Buhara'ya tayin olan Ali Galib Paşa'nın Trabzon'dan hareket etmemesi ve tercihen Tahran'a tayin olunmasını da Ruslar rica etmişler. Hepsi birbirine bağlı bir iş.

Bu husustaki haberleşmeler şunlardır:

No. 992

Tiflis

6.5.1338

Şark Cephesi Kumandanlığına,

Takriben 12 gün mukaddem ataşemiliter muavini Ziya Bey ve Sefir Paşa'nın kâtip-i hususisi yüzbaşı İdris ve üsera sevk memuru Saim Beylerle refiki diğer bir mülazım istihbarat-ı askeriye ahzı için mülakat mahalli ittihaz edilmiş olan Ziya Bey'in apartmanında arasıra malumat getiren iki Rus zabitinin bulunduğu bir zamanda müsellah Çeka memurları mesken-i ba'de'l-ihata içeri girerek Rus zabiti ile bizim zabitanın üzerlerini ve odaların her tarafını taharri ve buldukları evrak ile şifre miftahlarını müsadere ve temhir ettikten sonra siyasi vesikayı hamil olmayan bir zabitimizi tevkif ve Çeka'ya naklederler. Hadise akşam saat dokuzdan sabahın ikisine kadar devam eder. Diğer zabitan sefarethaneye avdet ederler. Bu işi Hariciye şubesi müdürü Zastilhof'un idare ettiği ve esna-yı taharriyatta Çeka memurları ile Hariciye Komiserliği arasında telefon muhaberesi cereyan eylediği ve esna-yı tevkifte berelenmiş olan zabitimizden evrak çantasının alınmasını mumaileyhin emreylediği sabit olmuştur. Sefir Paşa bu tarz-ı hareketi tahriren ve bilvasıta şifahen protesto etmiş ve o babdaki notasından mütecasirlerin tecziyesini ve tarziye ve teminat itasını talep eylemiş olmakla beraber pasaportlarını tanzim ettirerek Hariciye Komiserliği'ne irsal eylemiştir. Bu noktaya Karahan cevap vermeyip bu arada mülakat talebinde bulunmuş ise de Sefir Paşa hastalığını bahane ederek kabul eylememiştir. Bu hadise Batum baş şehbenderliği vasıtası ile ve telgrafla bildiren Moskova sefareti başkatibi Aziz Bey tecziye icra ve tarziye ve teminat ita edilse dahi sefir paşanın Moskova'yı terkedeceğini ve belki de şimdiye kadar müfarekat etmiş olduğunu beyan ediyor efendim.

No. 1279/1996/2132

Hemen keşidesi

Ankara

13.5.1338

Şark Cephesi Kumandanlığına

Moskova sefaretimizden aldığımız 29.4.1338 telgrafta 20.4.1338'da sefaretin bir şubesi olan diğer apartmanın Çeka'nın müsellah bir kıtası tarafından mukabil casus tertibatı ile basıldığı ve memurumuzun silah ile tehdit, üzerleri ve sefarethane dahilinin kamilen muayene edildiği, tesadüfen memurumuzun çantalarında bulunan bir şifre miftahı ve bazı evrak-ı resmiye ve adiyenin memhur bir çanta derununa vazolunup memurumuza verilerek Çeka dairesine götürüldüğü, bu defa haber alınır alınmaz hukuk-ı düvele mugayir olan bu mesele için başkâtibi Karahan nezdine izam ile çantanın açılmadan iadesini talep ettiği, aksi takdirde Moskova'da kalamayacaklarını bildirdiği, buna rağmen çantayı nezaretinde bulunduran memurumuzun tehdit, işkence ve darp suretiyle çantanın gasp ve kendisinin sokağa atılmasına müsaade edildiği, bunun üzerine Moskova'da kalamayacaklarını bildirdikleri, 3 Mayıs'a kadar bu mesele arzu ettikleri veçhile halledilmediği takdirde hareket edeceklerini tebliğ ettiği bildirilmiştir.

Bunun üzerine 3 Mayıs tarihi ile Ankara Rus Sefaretine tevdi eylediğimiz nota ile Rus memurlarının harekâtı her türlü hukuk-ı düvel kavaidine mugayir olduğu ve taharriyattan sonra çantayı iade etmeyerek memurumuzu darp eylemelerinin tecavüz-i vâki'i teşdit ettiği, bu vekayi üzerine sefirimizin Moskova'da bırakılamayacağı ve kendisine talep eylediği tarziye verilmediği takdirde Moskova'yı terk edeceği hususundaki kararını şedîden tecziyesinde musır olduğunu, velhasıl derhal tamir edilmediği takdirde Rusya'nın Türkiye'ye karşı dostluk siyasetine nihayet vereceğine delalet eden bu hadiseyi şiddetle protesto ettiğimizi ve seri cevaba muntazır olduğumuzu bildirdik. Aynı zamanda notamız mudasınca hareket edilmesi Moskova'ya cevaben yazılmıştır. Bera-yı malumat Erivan mümessilimizin şifre ile muhabereden menedilmesi hakkında bâlâdaki meselenin kapanmasını müteakip ittihaz-ı tedabir olunacaktır.

Hariciye Vekili
Yusuf Kemal

No 1068
Tiflis
14.5.1338

Şark Cephesi Kumandanlığına,

1. Mayıs'ın 14'üncü gecesi aynı zamanda alınan 11 ve 3 Mayıs tarihli ve 1266 ve 1280 nolu telgrafnameleri cevabı:

Moskova sefareti birinci kâtibi Zeki Bey imzası ile şimdi alınan 11 Mayıs şifreli telgrafnamede Fuad Paşa'nın 15 kişiden mürekkep maiyetiyle 10 Mayıs'ta Moskova'dan hareket ettiği bildiriliyor. Aziz Bey'in 6 Mayıs tarihli ve 992 nolu telgrafnamesinde arzedilen iş'aratta Sefir Paşa'nın tarziye-i matlube ita edilse dahi Moskova'dan müfarekata karar verdiği bildirilmiş olmasına nazaran hareketi mutlaka tarziye alamamış olmasına atfedilemez. Yarın veya öbür gün buradan geçecek olan müşarünileyhten bu bapta alınacak malumat derhal arz edilecektir efendim.

2. Hariciye Vekâlet'ine mürsel bâlâdaki telgrafnamenin buradan gönderilmemesi ihtimaline mebni oradan da keşidesine müsaade buyurulması müsterhamdır.

(Hariciye'ye yazdırılmak üzere süvari ile Kars merkezine gönderilmiştir.)

Muhtar

Şark Cephesi Kumandanlığına,

Ankara
18.5.1338

14 ve 15 Mayıs 1338 tele zeyldir.

1. Moskova sefirimiz talep ettiği tarziyenin verilmemesi dolayısıyla sefaretin ikinci kâtibini maslahatgüzar bırakarak 10 Mayıs'ta Moskova'yı terkeylemiştir.

2. Kendilerini haklı göstermek için hadise-i ma'lume esnasında Kızıl Ordu'ya mensup bir-iki zabitin ataşemiliter muavinine Rus müdafaa-yı milliyesini alakadar eden bend, evrak ve haritaları satmakta olduklarını iddia etmekte iseler de bunun kat'iyyen aslı yoktur. Rusların iddiası doğru olsa idi evvelce temhir edilen çanta eşya dairesinde memurumuzun hakaretle dışarı atılmasını müteakip açılacağı yerde bilakis sefaretimizin resmî memurlarının dahi dahil oldukları bir komisyon muvacehesinde açılır ve Rus müdafaa-yı milliyesini alakadar edecek vesaik zuhurunda haksız olduğumuz itiraz kabul etmez bir surette sabit olur idi.

3. Bu hadise, Rusların tarziye vermekten istinkâflarının esbab ve avamili hakkında mesmuat ve mütalâatınızın sür'at-i iş'arı.

4. Tiflis'ten mürurunda bu babda Rıza Nur Bey'e malumat itası mercuvdur.

5. Şark cephesine ve Tiflis ve Bakü mümessilliklerine.

(Tiflis ve Bakü'ye yazdırılmak üzere yarın süvari ile Kars telgrafhanesine gönderilecektir.)

Hariciye Vekili
Yusuf Kemal

Batum'da Menşevikler 20 Mayıs'ta belediyeye millî bayrak açarak bazı gösterilerde bulunmuşlarsa da Kızıl Ordu Asayişi geri getirdiğini, halktan 3 ölü 10'dan fazla yaralı bulunduğunu Batum konsolosumuz bildirdi.

28 Mayıs'ta Sarıkamış'a 250 şehit çocuğunun sünnet düğününü tantanalı bir surette yaptırdım. Sabahlara kadar eğlenceler yapıldı. Diğer arkadaşları çeşitli temsiller ve oyunlar yaparak sünnet olan arkadaşlarını eğlendirdiler.

31 Mayıs'ta İsmet Paşa'dan aldığım 7 Mayıs tarihli mektupta:

Kardeşim.. Senin mekteplerinin ve senin evlatlarının menkıbelerini işiterek iftihar ediyor ve mağrur oluyorum. Fotoğraflar, işittiklerimden daha iyi ve daha fevkalâde şeyler yaptığını gösteriyor. İçimizde senden daha müspet ve daha kalıcı ve ebedî iş yapanımız var mıdır? Gürbüz, akıllı ve tahsilli çocuklar ilerimiz için kuvvetli bir dayanak olacaklardır.[19]

Benim sıhhatim iyi kardeşim. En büyük emelim bir hava değişimi müddetini senin yakınında geçirebilmektir. İstirahate ihtiyaç hissetmemeye çalışıyorum. Gözlerinden sonsuz şefkat ve sevgiyle öperim sevgili kardeşim, Kazımcığım.

İsmet

İsmet Paşa pek bedbin görünüyor. Halbuki her taraftan, bütün kuvvetler Batı cephesine toplanmaktadır. Yunan ordusunun harp kabiliyeti kalmadığını da bütün dünya anlamıştır. İşin içinden kurtulmak için büyük devletlere arabuluculuk yaptırmaya çalışıyor. Böyle bir durumda, İsmet'in "En büyük emelim bir hava değişimi müddetini senin yanında geçirebilmektir" demesini hayli düşündüm. Bütün kuvvetlerimizin toplanmasından sonra yapılması gereken biricik iş Yunan ordusuna taarruz etmektir. Eğer bu kuvvetleri -Ermeni harekatını yapmakta gecikmese idik- daha önce toplasaydık bu günlerde Yunan ordusu da Ermeni ordusunun akıbetine uğrayabilirdi. Sakarya'dan sonra biz ordumuzu sürekli

---

19 Bu mekteplere darbe İsmet Paşa hükümeti zamanında vurulmuştur. Yukarıdaki samimi mektuptaki samimi takdirle iktidar mevkiindeki fiilî darbe, ancak İsmet Paşa'nın izah edebileceği mühim bir hadisedir. Benim muhalefete geçmem üzerine kuvvetli müsneddet evham etmekten başka acaba ne olabilir? Zan ve vehimle ele gelmiş yüzlerce şehid yavrularına bu darbe medeni ve insani bir marifet midir?

kuvvetlendirmekteyiz. Yunanlılar ise gün geçtikçe yorgun ve bitkin bir hale giriyorlar. Taarruz kararı ne kadar kolaysa yapılması da o kadar kolaydır. 18 Mart 1922'de kursa başlattığım efendilere "Ordumuzun Yunan ordusuna taarruza karar verdiğini, kuvvetleri hangi yana yığarak kesin darbe vurulması gerektiği hakkında" verdiğim meseleyi bütün efendiler; Yunan ordusunun sağ yan ve gerisine darbe vurulmak üzere Afyonkarahisar güney bölgesine toplamak suretiyle çözmüşlerdir. Yunan ordusunun İzmir'den şimendiferle beslendiği ve bu şimendiferlerin kesilmesiyle geri çekiliş hattının kesilmiş olarak müthiş bir hezimete uğrayacağını, kursa devam eden ve henüz hiç kurmaylık öğrenimi görmeyen veya bir sene görenler dahi düşünebilmiştir. Mesele karışık değil, haritadan anlayan herkesin doğru çözebileceği basit bir meseledir. Nitekim Doğu'da işte bu kararı vererek bir mesele de çözümlenirdim. Esasen kaç senelik mücadelemiz, Doğu harekâtını yapmakta ısrarım bütün kuvvetlerimizin serbest kalarak Yunan ordusu üzerine toplanarak bir darbe vurması maksadıyla olduğunu o zamanlar da Ankara'ya yazmıştım. Acaba Mustafa Kemal Paşa, Fevzi Paşa ve İsmet Paşa gibi en kıymetli kumandanlarımız "Ermeni harekâtında Hıristiyanlık âlemini ayaklandırırız, İtilâf ve Amerika'yı şuradan buradan asker çıkartarak saldırırız" diye bu sefer de Yunanlılara taarruz yerine anlaşma sulhüne mi uğraşıyorlardı? Bu muhakkak bir felâket olurdu. Bu hususları ve zaferden sonra idare şeklimizi kararlaştırmak üzere Ankara'ya bir seyahat yapmayı düşündüm. Bu suretle İsmet Paşa ile de Doğu'da değil Batı'da görüşmüş olurdum. Belki gerek şahsım ve gerekse başkası için olsun Doğu'da Genel Müfettişlik meselesini -ki sonucu bilhassa Kürtlüğün ıslahıdır- çözümledim.

8 Haziran'da kurmay kursu bitecek. Erzurum'dan gelen hey'etin davetini kabul ederek Erzurum seyahatini de Haziran ortasında yapacağım. En mühim olan cephenin malî işlerini de Kolordu'ya devrederek yokluğumda uzun süre için yakından bana ihtiyaç olmayacak şekilde işlerimi düzenledikten sonra, bölgenin görmediğim kuzeybatı bölgesini dolaşarak

ve sahillerini de görerek Trabzon'a gelmek ve yetiştirdiğim şehit yavrularından dahi bir grubu Trabzon'a göndererek oradan birlikte Ankara'ya gitmeyi tasarladım.

Batı cephesindeki taarruzun ancak Ağustos sonlarında olabileceğini -gerek kuvvetlerin toplanması ve gerekse sıcakların geçmesi ve hasadın yapılması dolayısıyla- de hesaplayarak Ağustos başlarında gitmeye karar verdim.

İsmet Paşa'nın mektubu bana bir İstiklâl Marşı yapmak ilhamını verdi.

Ve şunu yazdım ve besteledim:

Ya istiklâl ya ölüm

Vatanım, milletim, sancağım, evim

İstiklâlsiz yoktur yerim

Zincir vurdurur mu Türkler boynuna

Varlığı fedadır vatan yoluna

Biz tarihin Türk dediği yılmaz milletiz

Hür yaşar, hür ölür nurlu ümmetiz.

Bu İstiklâl Marşı'nı ve Türk Yılmaz Marşı'nı İsmet Paşa'ya ve Ankara'ya birkaç kişiyle gönderdim.

"Düşmana kalsa, tek bile kalsa, Türk hiç yılar mı, Türk yılmaz, Türk yılmaz, cihan yıkılsa Türk yılmaz" parçasını Doğu'da çoluk çocuk herkes haykırıyordu.

Bu prensibi kabul etmeyene Türk dememelidir.[20]

---

20 Ankara, gerek Maarif programıyla, gerekse İstiklal Marşı'yla dehşetli geriye gidiyor. Layihalarım bunu protesto demektir.

EK: 4

BAKIMSIZ ÇOCUKLAR HAKKINDAKİ DUYGULARIM

Bir taraftan çocuk sefaleti, bir taraftan da şahane çocuk balolarını okuduk ve işittikçe ben de duygularımı kaydettim:

1. Bakımsız çocuklar millet enerjisinin, bakımsız topraklar da vatan enerjisinin kaybedilmesi demektir.

2. Bakımsız bir fidan kurur, çürür veya yabani olur. Bakımsız çocuk ise hastalıklı olur, ölür veya suçlu veya cani olur.

3. Bakımsız çocuk millî tehlikedir. Çünkü her yıl maddî manevî bir sürü düşkün halk arasında kaynaşacak ve ordu saflarına karışacaktır. Demek milletin ve ordusunun keyfiyet bakımından kıymeti her yıl bir derece daha aşağı düşecektir.

4. Vatanın geleceğinin sahipleri bugünün çocuklarıdır. Şu halde bakımsız çocukların bu vatana nasıl sahip olacakları bugünden düşünülecek bir meseledir.

5. Bu dünyada türlü haksızlıklar vardır. Haksızlıkların en gaddarcası çocukların bakımsız kalmasıdır. En haksız ölüm de yine bakımsız bir çocuğun ölümüdür.

6. Haksızlıklar nihayet mahkemede hallolunur. Bakımsız çocukların korunma hakkını da medenî kanunumuz hâkimlere vermiştir. Bunların savcısı, ileri yerlerde bütün millettir.

7. Bakımsız çocukları olan bir milletin nüfus davasını da, medeniyet davasını da ve nihayet insanlık davasını da sağlama kuvvetleri cılızdır.

8. Bazı kimselerden esefle duydum ve duymaktayım da: Madem ki bakamayacaklar ne diye çocuk yapıyorlar. Ben de

cevap veriyorum ki: Ailelerin vatan borçları, fakir de olsalar, mümkün olduğu kadar çok çocuk yapmalarıdır. Nasıl bakılacağını hesap etmek onların değil, devletin vazifesidir.

9. Ölen, dilenen, hapislere düşen... çocukların yasını ailesi çekse de tasasını topyekûn devlet çekmelidir.

10. Bakımsız çocuklar felâket kaynağıdır: Her türlü hastalıklar, cürümler ve cinayetler onlardan daha kolay ve daha çok fışkırır.

11. Çocuk Bayramı. "Ne hoş söz".... Fakat mes'ut çocuklar için her gün bayram; bakımsız çocuklar için ise bayram günü en büyük matem.

12. Hayatımda bana zevk veren hayli başarılarım vardır: En zevklisi binlerce bakımsız çocuğun hayat ve geleceğini kurtarmak olmuştur.

Hayatımda duyduğum ızdıraplarım da vardır: En acısı bakımsız çocuk görmekliğim oluyor.

"ÇOCUK DAVAMIZ" HAKKINDAKİ İDEALİM (ÜLKÜM) FİİLİYAT SAHASINDA

Geçen Cihan Harbi'nde Rus istilâsına maruz kalan ve harbin son yıllarında Bolşeviklik neticesi Rus ordusunun bozulması ve memleketlerine savuşmaları neticesinde Taşnak Ermeni idaresine düşen Doğu illerimiz: yanmış yakılmış ve müthiş katliamlara uğramıştı. Bu hercümerc içinde kurtulabilen birçok çocuklarımız da ana ve babalarını kaybetmiş bir halde şurada burada sefil ve perişan kalmışlardı.

Küçük yaşlarımda ailece Van'da Harput'ta (Elazığ) dört yıla yakın bulunmuş ve bu arada Erzurum, Trabzon, Sivas, Samsun bölgelerini de dolaşmıştım. Babamın o zamanlar Zaptiye Aleybeyi bulunması dolayısıyla halkla yakından temasta idik. Cihan Harbi'nin son yıllarında Doğu cephesinin önce Van-Diyarbakır, sonra da Erzincan cephesinde Kolordu Kumandanlığı ve Ordu Kumandan Vekilliği de yapmıştım. Erzincan-Erzurum-Sarıkamış-Kars... Kurtuluşunu Kolordumla temin etmiştim. Faciayı o zaman içinden geçerek görmüştüm.

Mütarekede tekrar merkezi Erzurum'da olan ve 15. Kolordu namını alan 9. Ordu birliklerinin kumandanlığına tayinime muvaffak oluşum, orada "Çocuk Davamız"ı kökünden halletmeye bana fırsat vermişti. 19 Nisan 1335 (1919)'da Trabzon'a gelmiştim. Buradaki işlerimi bitirdikten sonra 3 Mayıs'ta Erzurum'a vardım. Yollarda ve hususiyle Bayburt'ta perişan birçok çocuk görmüş ve derhal yardım başlatmıştım. Ve Erzrum'a nakilleri emrini verdim.

Doğu'da beni bekleyen sonsuz ve nazik işlerin güçlülüğüne rağmen ben bakımsız yavruları büyük bir şefkatle bağrıma bastım ve onlara hakikî ve pek şefkatli bir baba oldum.

180 · Kazım Karabekir

Bir taraftan Erzurum Kongresi ile millî hükümet esasını kurmak ve korumak işleriyle siyasî, diğer taraftan da millî hükümetimizin ilk muntazam ordusu olacak olan kıtalarımı taarruzî vazifeye hazırlamak gibi askerî vazifelerimle uğraşırken öteden beri idealim olan bir çocuklar ordusu esasını da kurmaya başladım. Şöyle ki:

24 Mayıs 1335 (1919)'da Erzurum Darüleytamından (yetimler yurdu) ilk olarak yaşı 12'den yukarı olanlardan 33 çocuk alarak mevcut iki kolorduluk sanayi takımlarına verdim. Terhis dolayısıyla boşalan bu kadroları Bayburt'tan gelenlerle ve Erzurum'dan yeni aldıklarımızla doldurmaya başladım. Bunları kuvve-i umumiyem içerisinde bir asker gibi yedirmeye, giydirmeye ve beden terbiyesi yaptırmaya başlattım. Günün yarısında okuma yazmaya, yarısında da ayrıldığı sanayi şubesine göre terzi, kunduracı, saraç çıraklığına başladılar.

Bu teşebbüsümü henüz bağlı olduğumuz İstanbul Hükümeti Harbiye Nezaretine resmen de yazarak kabulünü ve diğer kolordulara da yaymayı teklif ettim. İki kuvvetli sebep vardı: Terhisler dolayısıyla iki kolorduluk birliklerimizin mevcut iki sanayi tamamında yüzlerce boş yer vardı, ve biz bunların yerini san'at sahibi yeni erlerle dolduramıyorduk. Doğu'da yüzlerce bakımsız çocuk ölüme mahkum bir halde şehirlerde sefil bir halde dolaşıyorlardı.

Harbiye Nezareti teklifimi kabul etti. Bu sevinçli haber teşkilâtı istediğim kadar genişletmeme yol açtı. Esasen kararım, bütçe mevcuduma bu çocukları almaktı. İcap ederse yakın yerlerin askerlerine izinler vermek suretiyle bakımsız çocukları asker gibi beslemekti. Teklifimin resmen kabulü üzerine teşkilâtı yaptım ve bu suretle ilk ağızda beşyüz kadar biçare yavrunun canını resmen de kurtarmış oldum. Teşkilâtı ve iş ocağımızı (imalathanemizi) de genişlettim.

30 Haziran 1335 (1919)'da (Ramazan Bayramının ikinci günü) Erzurum'un Kars kapısı meydanında bir idman bayramı yaptırdım. Erzurum'da bulunmakta olan Kongre hey'eti ile İngiliz, Amerikalı ve Rus subaylarını da davet ettim. Bütün

Erzurum halkı ile birlikte çocuklarımızın bir aylık çalışmalarını iftiharla seyrettik. Ertesi günü 1 Temmuz 1335'i Sanayi Gürbüzlerinin resmen kuruluş günü olarak kutladık. Artık bütün Doğu'da Alay garnizonlarına kadar birer çocuk toplama yuvası açtırdım. Bakımsız çocuklar bu merkezlerde bir er tayını ile besleniyor, temizleniyor, giydiriliyor ve beden terbiyesine başlatılıyordu. Mevcutları daima bana bildirildiğinden bunları toplu olarak Erzurum'a aldırtıyordum.

Kendim de seyahat ve teftişlerimde beraberimde bir düzeye çamaşır, elbise ve ayakkabı götürüyor ve rast geldiğim perişan yavruları derhal yıkatıp giydiriyor, Erzurum'a getiriyordum. Bütün bu çocukların hüviyetleri bulundukları yerlerde tesbit olunuyordu. Esasen Türk çocuklarından başka ortada diğerleri de yoktu. Bazan bu çocukların aileleri ve yakın akrabaları da bulunuyordu. Eğer hal ve vakitleri müsaitse sıhhatlerini kazanan ve biraz da san'at ve okuma yazma öğrenen çocuklarına sevinçle kavuşuyor ve onları alıyorlardı. Bazı san'at erbabına da büyüklerden yetişmiş çırakları hükümet aracılığı ile gönül rızasıyla veriyorduk. Bu suretle yeni gelecekler için yerler açılmış oluyordu.

22 Ağustos 1335 (1919)'da Sanayi Mektebinin bahçesinde – ki bu binada Erzurum Kongresi toplanmıştı- tantanalı bir sünnet düğünü yaptırdım. Mevcut bine yaklaştığı gibi toplanan çocuklar arasında subay, memur veya içtimaî mevkii olan kimselerin çocukları da vardı. Baba ve anadan mahrum perişan bir halde toplanan bu çocukları ve zekâları göze çarpan diğerlerini muntazam tahsil vermek üzere diğerlerinden ayırmayı düşündüm ve gece yatılı bir askerî bir mektep tesisini Harbiye Nezaretine teklif ettim. Diğerlerinden her köye ikişer san'atkâr vermek esasını düşündüm. Bu suretle az zamanda bütün Doğu köylerinde aynı terbiyeyi görmüş ve aynı ruhu taşıyan birer nüve bulunacaktı.

Şimdiye kadar çocuklar mükemmel bir beden terbiyesi aldıkları gibi sıhhatleri de iyi gelişmişti. Onlara pratik olarak

yara sarmak, yaralı taşımak, iyi yemek yemek, sıcak çarpma-
sına, donmaya karşı tedbirler almak gibi şeyler de öğretilmiş-
ti. Bunları mektebin bahçesindeki sahnede halka da temsil gibi
gösterecek veçhile hazırlatmıştım. Sahneye "Bilenle bilmeyen
müsavi midir"[21] diye bir levha da asarak bu hareketleri bir
bilmeyen aklıma geldiği gibi yapar sonra da izci kıyafetinde
gezen çocuklar hastaya rast gelerek onun etrafında toplanıp
doğru bir şekilde yaparlardı. İyi ve fena yemek yemek iki sof-
ra halinde gösterilirdi. Bir kapdan yemenin içmenin, parmak-
larını yalamanın iğrenç vaziyetleri ve kibarca yiyiş ve tavır ve
hareketler de gösterilerek farkları uygulamalı olarak halka ve
askere gösterildi. Bir de "Silah vermeyiz" diye tesirli bir tem-
sil hazırladım. Bütün halka gösterdim.

Ayrıca bazı öğütler de yazdım. Her hafta halka verilen
müsamerede o hafta bütün çocukların tatbik etmeleri için
örnek olarak üç beden hareketi yaparlar, üç öğüdü anlatır ve
uygulamaları eşya üzerinde gösterirlerdi. Pratik hayattan Bir
iki temsil de yaparlardı. Bunları Erzurum Kongre Hey'eti de
bulundukları müddetçe takdirle seyretmişlerdir. Sahnenin
cephesinden başka bir yan cephesini de açtırmıştım. Bu suret-
le Erzurum kadınları da memnunlukla gelir ve erkekler ara-
sına karışmadan seyrederlerdi. O tarihlerde kadın ve erkeğin
bir araya toplanmasını bu suretle temin edebilmiştim.

Askerî gece yatılı ilk mektebin açılması hakkındaki tekli-
fime İstanbul Harbiye Nezaretinden uygundur cevabı geldi-
ğinde 1 Ekim 1335-1919'da kurmaylarım, sağlık hey'etim ve
mektep hey'eti ile birlikte çocuklardan sosyal durumları ve
zekâları bakımından bir eleme yaptık ve üç sınıf tahsilini gör-
müş yüzlerce çocuk ayırdık ve bugün bu yeni mektebi de açtık.

***

---

21 Kazım Karabekir Paşa'nın burada bahsettiği levha, Zümer/8 aye-
tinde geçen, "Hiç bilenlerle bilmeyenler bir olur mu?" mealindeki *Hel
yestevi'llezîne ya'lemûne ve'llezîne lâ-ya'lemûn* ibaresi olmalıdır. (e.n)

31 Ekim'de Beyazıt-Van bölgelerindeki birlikleri teftişe çıkmıştım. Rast geldiğim perişan çocukları giydirip Erzurum'a gönderdim. Bu aralık büyük kumandanlarla birlikte görüşüp karar vermek üzere Hey'et-i Temsiliye tarafından Sivas'a davet olundum. 14 Kasım'da Sivas'a geldim ve 1 Aralık'ta ayrıldım. Bu seyahatimde Sivas'ta ve geçtiğim yerlerdeki bütün mektepleri gezdim ve ortalıkta perişan bir halde dolaşan yetimlerle de meşgul oldum. Mekteplerimizin maddî manevî hali her yerde berbattı. Hey'et-i Temsiliye'de mahallin mülkî ve askerî âmirlerine de bu işe hepimizin elimizden gelen yardımı yapmak ve İstiklâl Harbine başlarken memleket çocuklarıyla da yakından ilgili olmak lüzumunu söyledim. Yollarda gördüğüm birkaç perişan çocuğu da Erzurum'a getirttim.

ÇOCUKLAR ORDUSU MARŞI "TÜRK YILMAZ"

İstiklal davamızın parolası olmak üzere "Türk Yılmaz" diye levhalar yazdırarak daha ordumun silahlarını almak emir ve ısrarlarına karşı baş ucuma yazmıştım. Bunun ne demek olduğunu soran ecnebilere Yılmaz'ın ödev olduğunu, istiklâlimiz için her Türk'ün bir ödev gibi dövüşeceğini söylerdim. Bu levhadan çocukların mekteplerine de astırdım ve bizim çocuklar ordusu marşı olmak üzere güfte ve bestesini de yaptım. (Birinci Büyük Millet Meclisi'ne de gönderdim ve mütalâamı yazdım. Aşağılarda görülecektir, çocuklar ordusunun marşı dedim, etrafında güfte ve bestesi yazılı olan bu marşı bastırdım. Birçok evlerde görürüm.)

***

Erzurum'dan geçen Amerikalılar en ziyade benim "Türk Yılmaz"la ve çocuklar talimhanesiyle ilgileniyorlardı. Futbol oyunlarını yüzlerce, binlerce gencin hareketsiz saatlerce seyrindense, geniş sahada çeşitli oyunlarla her yaştaki çocukların ve gençlerin de fikren ve bedenen meşgul olmalarını çok değerli bir buluş olarak takdir ediyorlardı. Aynı zamanda Türk terbiyelerinin bu fiilî sahadaki eserlerini ve Türk çocuklarının da az zamanda gösterdikleri kalkış kabiliyetini övüyorlar, beni tebrik ediyorlar ve şahidi oldukları bu eserleri memleketlerine de tanıtacaklarına söz veriyorlardı.

Gerek askerî kıt'alarımızın ve gerekse halkın ve çocuklarımızın istiklâliyle yaşamak hakkını kazanmış bir milletin müjdecisi ve bekçisi olduğunu Sivas Kongresinin davet ettiği General Harbord hey'eti de görmüş ve takdir etmişti. Kars'ın işgalinden sonra Gümrü'de toplanan binlerce Ermeni çocuğunu yetiştiren Amerikalı kadın erkek mütehassıslarla da görüştüm. Ben onların çalışmalarını onlar da bizimkilerini yakından gördüler. Bu mütehassısların karar kıldığı nokta şu olmuştu: Türk çocuklarında kabiliyet pek yüksek derecededir.

Son Batı zaferinden sonra bizim çocuklardan muhtelif yaşlardan bir grubu memleket seyahatine çıkarmıştım. Ankara'da ve İstanbul'da bunları gören bazı Amerikan gazetelerinin muhabirleri de çok ilgi göstermişler ve bir takım sualler sorup malûmat toplamışlardır.

Amerikan gazeteleri bizim çocuklarla ve oyunları ile ve hele "Türk Yılmaz"la epeyce meşgul oldu. Futbol seyircilerinin âtıl bir haldeki binlerce seyirci gençlerini de tenkit edecek, hepsini harekete geçirecek yeni metotlardan da bahsetti.

**KAZIM KARABEKİR'İN
DİĞER KİTAPLARI**

KAZIM KARABEKIR

İstiklal Harbimizin Esasları

"Paşa'nın Yakılan Kitabı"

TRUVA

1992'den günümüze orijinal metin

2. Baskı

1992'den
günümüze
orijinal
metin

KAZIM KARABEKIR

Paşaların Hesaplaşması

"İstiklal Harbine Neden Girdik, Nasıl Girdik,
Nasıl İdare Ettik?"

TRUVA

2. Baskı